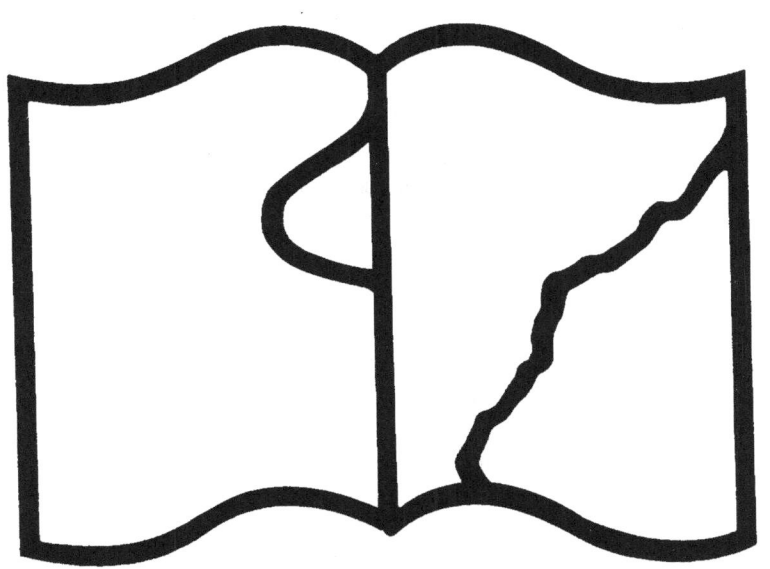

Texte détérioré — reliure défectueuse

NF Z 43-120-11

N° 32

FACULTÉ DES SCIENCES DE MONTPELLIER

THÈSE
POUR

LE DOCTORAT ÈS-SCIENCES NATURELLES

Présentée et soutenue à la Faculté
des Sciences de Montpellier
le   1880

PAR

PAUL SEIGNETTE

Membre de la Société géologique de France,
Officier de l'Instruction Publique

DEUXIÈME THÈSE

PROPOSITIONS DONNÉES PAR LA FACULTÉ

1° Rapports et différences entre les Animaux et les Végétaux.
2° Constitution et vie de la Cellule végétale — Protoplasma.
3° Organisation et classification des Infusoires. Des divers modes de leur reproduction.

Faculté des Sciences de Montpellier

Doyen

M. de ROUVILLE.

Professeurs

Mathématiques	MM. ROCHE,
Astronomie	COMBESCURE.
Mécanique appliquée.	VIGUIER, chargé de cours.
Physique	CROVA.
Chimie	MARGOTTET, chargé de cours

M. CHANCEL, Doyen honoraire

Examinateurs

Minéralogie et Géologie.	MM. de ROUVILLE, Président.
Botanique	PLANCHON
Zoologie et Anatomie comparée.	SABATIER

THÈSES

PRÉSENTÉES
A LA FACULTÉ DES SCIENCES DE MONTPELLIER
POUR OBTENIR LE GRADE

DE DOCTEUR ÈS-SCIENCES NATURELLES

PAR

Paul SEIGNETTE

Membre de la Société géologique de France.

PREMIÈRE THÈSE

ESSAI D'ÉTUDES

SUR LE

MASSIF PYRÉNÉEN DE LA HAUTE-ARIÉGE

DEUXIÈME THÈSE
PROPOSITIONS DONNÉES PAR LA FACULTÉ

Soutenues le........................1880, devant la
Commission d'Examen

MM. DE ROUVILLE, *Président.*
PLANCHON, } *Examinateurs.*
SABATIER,

CASTRES
IMPRIMERIE DU PROGRÈS
12, RUE MONTFORT, 12.

A MON PÈRE
M. LOUIS SEIGNETTE
Proviseur Honoraire.

A LA MÉMOIRE
De A. DELPECH, mon beau-père
Principal Honoraire.

PRÉFACE

Dans ses éléments de géologie, le grand géologue d'Omalius d'Halloy, reconnaissant en principe que l'étude de la terre peut être envisagée sous trois points de vue : 1° la configuration de la surface de la terre; 2° les matériaux qui la composent; 3° les phénomènes qui modifient cette configuration, divise la géologie proprement dite, en géographie, géognosie et géogénie.

Dans cette modeste étude du bassin de l'Ariége, nous nous sommes proposé de suivre cette méthode qui nous semble tout-à-fait rationnelle.

Nous allons du connu à l'inconnu. Donner d'abord l'hydrographie et l'orographie du bassin que nous étudions, c'est donner l'étude de la surface : nous faisons suivre cette étude de la géographie pittoresque du bassin.

Voilà pour la partie de la géologie qui frappe le premier observateur, versé ou non versé, dans l'étude de la science.

— VIII —

Donner ensuite la géognosie, c'est-à-dire faire l'étude attentive des différents terrains, suivre les mouvements des couches dans leur parcours du bassin : telle est notre seconde partie.

Nous donnerons notre opinion sur l'origine de certaines roches, nous ferons alors de la géogénie.

Notre cadre est bien restreint, il est bien modeste, et, cependant, malgré bien des courses, bien des fatigues et de longues heures de cabinet, nous ne livrons qu'un travail incomplet.

Rien ne s'opposait à nos développements sur la partie géographique; l'étude de la carte de l'état-major nous servait de base et nos nombreux voyages dans le bassin nous permettaient d'en étudier facilement tous les accidents, aussi pouvons-nous considérer cette partie comme achevée.

Pouvait-on attendre de nous une seconde partie aussi complète ? Pouvions-nous donner le détail de tous les étages qui se sont rencontrés sous nos pas?

Les maîtres de la science reculent devant une pareille œuvre; notre rôle a été plus modeste. Prenant pour point de départ nos propres observations; n'avançant jamais rien que nous n'ayons touché; utilisant les travaux de nos devanciers et principalement ceux qui ont été publiés par les maitres de la science pyrénéenne, nous avons la prétention de décrire les terrains anciens du bassin, laissant même de côté le bassin de Vicdessos qui a été l'objet de travaux spéciaux de la part de MM. les Ingénieurs des mines. Nous traiterons de la série azoïque, de la série paléozoïque du bassin, et nous ne prendrons, dans la série mézosoïque, que le groupe jurassique. Nous remettrons le complément de notre œuvre à des temps meilleurs.

Quant à la géogénie, nous la présentons pas à pas dans la série de nos études. Nous lui consacrons un chapitre spécial pour l'étude des terrains d'origine ophitique qui ont traversé le calcaire appelé primitif par Charpentier.

Outre cette question où nous croyons émettre des idées nouvelles, nous présentons sous un jour nouveau l'étude des terrains massifs et cristallophylliens du bassin de l'Ariége.

Nous refusons à ces terrains le nom de granites primitifs; nous ne reconnaissons pas l'existence du Laurentien; nous admettons un terrain cristallophyllien, ayant presque à sa base, sans discontinuité, un banc calcaire. Ce terrain est en bien des points remué, pénétré par des éruptions granitiques.

Nous montrons ensuite que l'étage Silurien a été étudié d'une manière incomplète dans nos assises ariégeoises.

Nous terminons par l'étude du Lias et de l'Infralias dans le bassin ; étude nouvelle basée sur nos observations journalières lors de notre séjour dans le chef-lieu de l'Ariége.

Des coupes d'ensemble font connaitre d'une manière directe certains points du bassin sur lesquels des études incomplètes ont produit des résultats erronés.

Une carte du bassin de la haute Ariége termine notre travail : cette carte donne la position de chacun des terrains du massif.

Si, par suite de notre laborieuse étude, la science pyrénéenne fait un pas en avant, nous serons heureux d'avoir apporté notre modeste pierre à la construction d'un édifice dont notre savant Maître nous a fait connaitre tous les secrets avec cette bienveillance qu'un disciple ne peut oublier.

Castres, le 1ᵉʳ mai 1878.

M. Leymerie n'est plus! Sa mémoire nous est chère; nous lui dédions notre thèse, c'est pour nous un devoir de reconnaissance et d'affection.

Son meilleur ami, M. Paul de Rouville, a bien voulu prendre sous sa haute protection ce travail qui avait reçu l'approbation du professeur de Toulouse.

J'ai trouvé auprès de M. de Rouville le plus affectueux dévouement et je suis heureux de pouvoir le remercier du bienveillant concours qu'il veut bien m'accorder.

1ᵉʳ avril 1879.

TABLE ALPHABÉTIQUE
DES AUTEURS CITÉS

A
Acloque.
Don José Almirante.
D'Archiac.

B
Ami Boué.
Brard.

C
De Caumont.
Charpentier.
Coutejean.
Vincent Cutando.
Cuvier.
Coquand.
Louis Companyo.

D
Dufrénoy.
Dumortier.
Dolomieu.
Damour.
Dietrich.
Daubrée.

E

Ebray.

F

Fontannes.
Jules François.

G

Garnier.
Garrigou.
Gras Scipion.

L

Levallois.
Leymerie.
Michel Lévy.

M

Magnan.
De Martin Donnos.
Stanislas Meunier.
Mercadier Auguste.
Mussy.
Louis Martin.

N

Noguès.
Numez de Pradro.

P

L'abbé Pouch.

Philippe Picot de Lapeyrouse

Paillette.

R

Rey Lescure.

Don Angel Rodriguez de Quijano y Aroquia.

De Rouville.

V

Vézian.

Virlet d'Aoust.

Videt.

Werner.

TABLE ANALYTIQUE DES MATIÈRES

	Pages
Préface	VII
Table alphabétique des auteurs cités	XII

LIVRE PREMIER

Historique.

CHAPITRE I.

1° Publications antérieure à 1859	4
2° Publications des vingt dernières années	10

CHAPITRE II.

Cartes géologiques	23

LIVRE SECOND

CHAPITRE I.
Topographie du bassin de l'Ariége

§ 1. — Situation du bassin de l'Ariége	30
§ 2. — Limites du bassin de l'Ariége	31
(1) Région méridionale	31
(2) Région est	33
(3) Région ouest	35
§ 3. — Forme du bassin de l'Ariége	39
§ 4. — Climat du bassin de l'Ariége	39

CHAPITRE II
Hydrographie du bassin de l'Ariége

§ 1. — Description du cours de l'Ariége	42
§ 2. — Affluents de l'Ariége	50
A — Affluents de la rive gauche de l'Ariége	50
B — Affluents de la rive droite de l'Ariége	74
C — Inondations — Epoques des crues	104
D — Pente de l'Ariége	105

CHAPITRE III.

Orographie du bassin de l'Ariége	106

CHAPITRE IV.

Géologie pittoresque ou topographie géologique du bassin de l'Ariége
1° Région de la haute-chaîne................................ 114
2° Région moyenne.. 121

LIVRE TROISIÈME

CHAPITRE I.

Terrains Cristallophylliens de la vallée de l'Ariége
§ 1 — Etude du bassin de l'Ariége, de la source de l'Ariége, ou niveau de Mérens
§ 2. — Etude d'un étage calcaire et de ses références.
De la vallée de Soulcen à Puyvaldor et Fontrabiouse ... 132
Caractères du groupe 134
Coupe par l'étang de Naguille................................. 138
Coupe par la ligne de faîte entre les vallées de l'Ariége et du Najear
Du pic de Toses de Pédourès à Ignaux par l'étang de Comté... 139
Coupe du pic noir de Juncla au pic côté 2090^m par l'étang de Fontargente et la cabane de Garseing. 141
Coupe du pic de la Passade au confluent de la Coume d'Ose et de la Coume de Seignac par le pic de l'Homme-Mort.. 142
Coupe longitudinale de la vallée de l'Ariége.
Du pic de Brasseil au pic de l'étang Fauzy............. 143

Coupe traversant les Pyrénées.

Du pic de Hau, massif du Saint-Barthélemy, (France) à la Massana. (Vallée du Rialp, République d'Andorre.)... 148
§ 3 — Etude du bassin de l'Ariége du niveau de Mérens à Ax.. 150
§ 4 — Coup d'œil sur la vallée d'Aston et ses vallées tributaires... 154
§ 5 — Conclusions.. 158
§ 6 — Le massif du Saint-Barthélemy....................... 159
§ 7 — Conclusions
1° Conclusions géogéniques................................. 167
2° Conclusions géographiques et orographiques 168
§ 8 — Résumé.. 169
§ 9 — Terrains Cristallophylliens supérieurs........... 169

DES GRANITES DE LA HAUTE ARIÉGE

1° Granite de Font-Nègre	173
2° Granite du massif de Bassiès	174
3° Des roches granitiques du massif du Saint-Barthélemy et des Trois-Seigneurs	175
4° Granite de la Barguillère	176
5° Granites en typhons	177
Conclusions	180

CHAPITRE II.
Terrain silurien de la vallée de l'Ariége ... 181

CHAPITRE III.
Terrain dévonien de la vallée de l'Ariége ... 188

CHAPITRE IV.
Etude de l'origine des roches ophitiques du calcaire cristallin ... 191

CHAPITRE V.
Du terrain Jurassique du bassin de l'Ariége ... 198

Epilogue ... 209

Explication des planches ... 213

LIVRE PREMIER

HISTORIQUE

LIVRE PREMIER

HISTORIQUE

Ce livre comprend :

1° Publications géologiques sur la Haute-Ariége.
2° Cartes géologiques.

CHAPITRE I.

Publications géologiques sur la Haute-Ariége.

Ce travail va être divisé en deux points :

1° Les publications antérieures à 1859.
2° Les publications des vingt dernières années.

1° Publications antérieures à 1859.

Diétrich

Le travail le plus ancien où il soit fait mention des Pyrénées de la haute Ariège est celui du baron Diétrich. « Description des gîtes de minerai, des forges et des salines des Pyrénées. » (1786).

Charpentier qui a eu l'occasion de lire cet ouvrage nous dit :

« La description des gîtes de minerais des Pyré-
« nées par M. Diétrich n'est même d'aucun secours
« pour le géognoste, parce que cet ouvrage ne traite
« des gîtes de minerais que sous le rapport de leur
« utilité et de leur exploitation, sans indiquer leur
« gisement ni aucune des circonstances géognosti-
« ques qui les accompagnent. (1)

Philippe Picot de Lapeirouse

La même année, de Lapeirouse a publié un « traité sur les mines de fer et forges de fer du Comté de Foix ».

Ce travail confus dans la forme ne donne pas de notions plus exactes que celui de Diétrich : l'auteur cependant divise les calcaires de la région en deux classes : le calcaire primitif et les calcaires secondaires. Ce travail a été inséré dans les Mémoires de l'Académie de Toulouse. Tome III.

---

(1) page v j. Charpentier. Essai sur la constitution géognostique des Pyrénées.

Charpentier

L'essai sur la constitution géognostique des Pyrénées, 1823, est un livre remarquable : l'auteur a observé avec sagacité et a décrit avec soin : son livre, malgré les progrès de la science sera toujours consulté avec fruit.

Je n'ai point ici à donner l'analyse de cet ouvrage, je me bornerai à dire, qu'attiré dans la haute Ariège par la renommée des mines de fer de la vallée de Vicdessos, Charpentier a donné la description de toute la région qui avoisine les mines de Rancié ; comme attiré aussi par la réputation des eaux d'Ax, il a donné la géologie des environs de cette localité.

A la suite de sa description du Calcaire primitif, Charpentier se livre à l'étude du pyroxène ou augite en roche (la lherzolite) déjà bien distinguée des roches amphiboliques secondaires, (les ophites).

Les roches pyroxéniques, les roches amphiboliques, les granites du Saint-Barthélemy, du pic des Trois Seigneurs, sont l'objet d'observations très-judicieuses.

Ami Boué

En 1824, Ami Boué fait paraître dans les tomes II et III des annales des sciences naturelles un travail intitulé : « Mémoire géologique sur le sud-ouest de « la France, suivi d'observations importantes sur « le nord du même royaume et en particulier sur les « bords du Rhin. »

Dans le tome III (page 60) Boué donne une description du pyroxène en roche, non stratifié des Pyrénées : le massif de l'étang de Lhers est présenté avec une grande exactitude. Dans le même travail (Tome III, p. 301) le même auteur signale cette couche ferrugineuse qui divisera pour nous les étages crétacés et jurassiques. « Il y a quelquefois des bancs en « partie composés de fer hydraté globulaire rougeâtre. »

Dufrénoy

Il faut ensuite arriver à la période de 1830 à 1834 pour trouver des travaux sur les Pyrénées de l'Ariège. Dufrénoy a donné à cette époque une série d'articles remarquables sur la région.

1832. Annales des sciences naturelles. T. XXVII. p. 170. « De la relation des ophites, des gypses et « des sources salées dans les Pyrénées et de l'épo- « que à laquelle remonte leur apparition ».

Dans ce travail l'auteur considère les lherzolites comme des roches éruptives.

Il dit, p. 77 : « la position du Calcaire (lac de Lherz, « Vicdessos) autour des différents amas de lherzo- « lite nous offre des preuves certaines que cette « roche a été introduite dans les terrains postérieu- « rement à leur dépot ».

La même question est traitée plus tard (1841) par le même auteur dans le bulletin de la société géolo-

gique de France 1ʳᵉ série) T. 12. p. 314. « Modifica-
« tions éprouvées par les calcaires au contact et au
« voisinage des roches ignées ».

Dans ce travail, les gypses des environs de Saurat, réputés jusqu'alors primitifs, sont considérés comme le produit d'émanations sulfureuses, amenées par l'éruption granitique.

Dufrénoy nous donne encore :

1833. Annales des sciences naturelles. T. XXX. « Note sur le gisement de la mine de fer de Rancié « et sur les terrains dans lequel elle est enclavée ».

Dans ce mémoire l'auteur tend à prouver que les mines de fer hématite peuvent se trouver dans des terrains très-différents, mais que cependant une condition est indispensable, la proximité des roches granitoïdes.

M. Jules François.

M. François a donné en 1843 un vaste travail intitulé « Recherches sur le gisement et le traitement « des mines de fer dans les Pyrénées et particuliè- rement dans l'Ariége ».

La partie géologique était une œuvre secondaire dans cette étude; l'auteur n'en donne pas moins des considérations générales sur la constitution géologique de l'Ariége.

Il divise les terrains en :

1° Terrains primordiaux, (granite et gneiss), dans lesquels il place le massif de Bassiès, le massif d'Ax et d'Orlu, les étangs de Fontargente et le pic de Pédrous; le Saint-Barthélemy, la Barguillière, le massif des Trois Seigneurs sont aussi rapportés à la même classe.

2° Terrains de transition modifiés (micaschistes, schistes siliceux). Si l'auteur donne à ces terrains une trop vaste étendue dans l'Andorre et au voisinage du col de Puymaurens, il a pour nous le grand mérite d'avoir signalé à travers les granites, une longue bande de transition ; dont Mérens est le centre ; bande qui court de la vallée de Vicdessos aux environs de Puyvalador, en passant par l'étang de Naguille : tous les gisements métallifères de la contrée, de Vicdessos à Vaychis et Mijanès, sont placés à tort dans cette région.

3° Le terrain de transition proprement dit : terrain exactement reconnu aux environs de Montségur et de Saint-Genès, assez bien entrevu dans les montagnes au midi de Camurac.

4° Observant avec un soin particulier le prolongement du terrain primitif de Charpentier, que cet auteur limitait à Vicdessos, M. François lui donnant le nom de « Crétacé inférieur ou jurassique en quelques points » retrouve ce calcaire au nord des Cabannes, à Prades, pour le perdre ensuite aux environs de Camurac.

La lecture attentive du travail de M. François montre un progrès remarquable opéré dans l'étude de la géologie Ariégeoise et nous donne le vif regret que l'auteur absorbé par une étude spéciale, celle des gisements de minerais de fer, et plus encore par la question d'exploitation de ces minerais, n'ait pas accordé à la partie géologique une plus large part.

Dans cette étude, il y a quelques lignes qui sont pour nous les bases de la vraie géologie de la haute Ariége. Je ne puis passer sous silence l'exposé donné à la page 60, intitulé, « Haute Chaîne, terrains primitifs et de transition. »

« On remarque que la haute chaine des Pyré-
« nées dans l'Ariége, comprend vers l'Est, de puis-
« sants massifs primordiaux (granit et gneiss)
« composant les montagnes du Capsir, du canton de
» Quérigut et d'Ax, des Cabannes et de Vicdessos
« jusqu'aux sources du Salat. Là, ils font place à des
« formations étendues de terrain de transition
« (schiste argileux, grauwack et calschistes), qui
« s'épanouissent en partie contre les montagnes gra-
« nitiques du bassin de Luchon, de la vallée d'Aran
« et de la Maladette. Au voisinage des limites des
« massifs primordiaux et dans l'intervalle qui les
« sépare, on peut souvent observer de nombreux
« affleurements ou ilots, de roches ignées (granit,
« pegmatite, eurite, leptinite). Ce phénomène, trace
« évidente de l'éruption, se remarque surtout dans la
« vallée d'Auzat et sur les hautes montagnes de Vic-
« dessos, de Siguer et du bassin de Luchon. »

Je trouve dans ces quelques lignes le germe du travail de détails qui fait l'objet principal de mon étude du bassin de la haute Ariége

2° Publications des vingt dernières années.

Videt

En 1859, Videt, chef de division à la préfecture de l'Ariège, a publié un annuaire administratif et statistique du département : cet opuscule renferme un travail orographique et topographique qui a été consulté par nous avec intérêt.

(1861) ### Louis Companyo

Dans son histoire naturelle du département des Pyrénées-Orientales, Perpignan 1861, Louis Companyo, donne deux extraits de Paillette, Ingénieur des mines. (Étude publiée en 1840, dans l'album Roussillonnais).

Ces passages se rapportent : le premier au terrain schisteux qui encaisse le calcaire cristallophyllien de la vallée du Galba ; schistes qui servent à couvrir tout le Capsir et une partie du Quérigut.

« Nul doute que l'on ne puisse appliquer à des « usages pareils les roches de la vallée du Galba, près Formiguières. » Le temps a justifié la prévision du géologue.

L'autre passage porte sur les roches calcaires cristallophylliennes de la même vallée. « On trouve dans presque toute la surface du département occupée par cette série de roches, des alternances de schistes et de calcaires, avec des pendages identiques, mais alors les calcaires participent quelque peu des caractères schisteux. Exemple, vallée du Galba..... Mais dans ces calcaires, il a été tout-à-fait impossible de rencontrer un seul débris organique. »

(1863) *Esquisse géognostique de la vallée de l'Ariége*. (1)

Leymerie

Pour M. Leymerie toute la haute section du bassin de l'Ariége (entre Pont-Cerda et Ax) est en entier au sein du terrain granitique : l'auteur n'en a pas moins reconnu qu'au sud du Pont-Cerda, il existe un système essentiellement schisteux. Toutes les roches comprises entre Pont-Cerda et Mérens sont appelées des granite-gneiss.

Mais à Mérens, là, où déjà Dufrénoy avait marqué une zone de terrain de transition, à travers le massif granitique, zone complétée par M. François, M. Leymerie n'a pu voir qu'une assise de gneiss légèrement verdâtre; les éléments essentiels du terrain ont échappé à son observation.

Le premier banc calcaire constaté depuis l'origine du bassin par ce savant géologue se présente au voisinage des Cabannes. M. Leymerie n'en a pas moins reconnu cependant le caractère de griottes dévonien-

(1) B. s. g. de F. 2ᵉ série. t. XX. p. 245.

nes aux roches qui supportent le château de Lordat, mais il n'a pas saisi le caractère des roches de Saint-Pierre qu'il traite de filon déchaussé, presque vertical ou de dike: les calcaires siluriens de la contrée ont échappé en entier à l'étude rapide de M. Leymerie.

Le même auteur décrit avec soin les roches granitiques du versant (côté droit de l'Ariège) au sortir de Tarascon, jusqu'à l'ophite de Saint-Antoine, mais il a méconnu sur la rive gauche le passage des terrains de transition, passage facilement reconnaissable à Ferrières et dans les montagnes qui dominent Montgauzy.

M. Leymerie décrit ensuite le Pech de Foix, le massif de St-Sauveur, mais il n'a pas eu connaissance de la présence de l'infra-lias; comme M. d'Archiac, il n'a vu que des couches jurassiques, que l'on pouvait rapporter au lias supérieur. Au reste, il est bon de rappeler que la notice sur les terrains jurassiques des Pyrénées (1) publiée par d'Archiac dans son grand ouvrage « Histoire des progrès de la Géologie » est en grande partie l'œuvre de M. Leymerie.

L'auteur insiste sur cette assise ferrugineuse dont la couleur marque si nettement la séparation des deux systèmes, l'un jurassique, l'autre crétacé; assise signalée antérieurement par Ami Boué.

---

(1) Histoire des progrès de la géologie. D'Archiac. t. VI. p. 535

(1863) *Note sur les sédiments inférieurs et les terrains cristallins des Pyrénées-Orientales.* (1)

M. Noguès

Dans ce travail l'auteur (p. 710) traitant des roches granitiques, roches qui donnent la main à celles de la haute Ariége dit :

« Dans les montagnes des Pyrénées-Orientales,
« j'ai reconnu plusieurs variétés de granites : les uns
« constituant le sol primordial, les autres ont percé
« à travers les granites anciens et ont disloqué les
« roches sédimentaires.

Nous partageons l'opinion de M. Noguès sur beaucoup de points.

(1865) *Note sur la découverte faite par M. Pouech du quatrième étage de lias dans le département de l'Ariége.* (2)

M. d'Archiac

D'Archiac signale au monde savant la découverte de l'infra-lias par M. l'abbé Pouech, qui lui a envoyé avec note explicative sur leurs relations les fossiles de Cadarcet, Saint-Martin-de-Caralp, Foix-Vernajoul et Soula. Comme tout ce que livre M. l'abbé Pouech, ce travail est marqué au sceau de la plus parfaite exactitude.

---

(1) B. s. g. de F. 2me série T. XX. p. 703.
(2) B. s. g. de F. 2me série, T. XXII. p. 162.

(1865) *Aperçu géologique sur le bassin de l'Ariége.* (1)

M. Garrigou

Point de faits nouveaux pour la partie granitique : l'auteur se contente de dire, qu'après le pont de Larenq, à Mérens, on voit une bande de schiste talqueux, bande suivie assez loin par M. François et Dufrénoy. Il dit l'avoir revue au pied du Saquet et près des Escampels.

Plus loin M. Garrigou décrit une coupe de la vallée de l'Ariége, au niveau d'Axiat et de Luzenac, coupe sur laquelle nous aurons à revenir dans l'étude du terrain Silurien. L'auteur ne fait point de division dans le terrain de transition qu'il nomme Dévonien, depuis les strates alumineux et ardoisiers jusqu'aux griottes.

Ce n'est qu'au niveau de Lordat et d'Urs, que M. Garrigou signale « reposant sans doute sur les schistes ardoisiers » des lambeaux d'un calcaire très-ferrugineux que l'on retrouve encore aux Cabannes et au village de Bouan. Le développement du Silurien, la continuité de ses couches, ont échappé à cet observateur. Cependant auprès des roches de Saint-Antoine, dans le voisinage de Montgaillard, M. Garrigou croit reconnaître des fossiles siluriens, en mauvais état de conservation.

---

(1) B. s. g. de F. 2me série, T. XXII. p. 476

(1867). *Considérations générales sur l'étude des eaux minérales. Géologie de la station thermale d'Ax (Ariége).* (1)

M. Garrigou

Dans ce mémoire, M. Garrigou reconnait l'existence des terrains Silurien et Dévonien dans la région d'Ax. Mais il donne à tort dans sa coupe une discordance de stratification entre ces deux terrains.

L'auteur n'a entrevu qu'une bande calcaire dans le silurien, alors que les deux bandes y sont admirablement marquées.

Pour M. Garrigou, le granite appartient à l'ensemble de la formation schisteuse et calcaire qui plonge sous le terrain Devonien.

(1867). *Le terrain crétacé des Pyrénées.* (2)

M. Hébert.

Dans ce mémoire sur le terrain crétacé, M. Hébert, à l'occasion du crétacé de Saint-Sauveur, près Foix, donne une fort bonne coupe du terrain jurassique de cette montagne; la coupe du territoire de Leychert est aussi très exacte; l'auteur reconnait dans les deux coupes la présence de l'infra-lias.

---

(1) B. s. g. de F. 2me série, t. XXIV, p. 245.
(2) B. s. g. de F. 2me série t. XXIV p. 323.

(1867). *Étude du terrain stratifié dit Laurentien ou Antésilurien dans l'Ariége et les autres parties des Pyrénées.* (1)

M. Garrigou

Nous reproduisons les conclusions de cet important mémoire :

« 1° Dans les Pyrénées, surtout dans l'Ariége, existent des terrains stratifiés antésiluriens (intra-granitiques) jusqu'ici ignorés par les divers géologues qui ont étudié la chaine.

» 2° Ces terrains semblent complètement correspondre à ceux qu'on a déjà décrit sur quelques points du globe et surtout ceux qu'ont fait connaitre les géologues du Canada.

» 3° Je n'y ai point encore trouvé des fossiles.

» 4° La stratigraphie m'a permis d'y faire les divisions suivantes, en partant du silurien inférieur : 1° cambrien ; 2° laurentien ; 3° granite inférieur primitif. »

Ce travail indique de profonds changements dans la manière de voir de l'auteur entre 1867 et 1865, époque de la publication de l'aperçu Géologique du bassin de l'Ariége.

M. Garrigou donne de la lumière dans une question qui n'avait pas encore été l'objet d'études spéciales.

(1) B. s, g, de F. 5me série, T. XXV, p. 97.

Nous apprécions à leur vraie valeur les observations stratigraphiques de l'auteur sur les environs du lac de Naguille, nous n'acceptons ses résultats au point de vue de l'étude de la coupe de la Tute de l'Ours que tout en faisant de sérieuses réserves sur cette partie du travail.

Les détails donnés sur les environs de Mercus et d'Arignac nous ont paru très-exacts.

Les doctrines de M. Garrigou seraient en grande partie les nôtres, si ce géologue ne voulait voir à la base de son système un granite fondamental que nous n'avons jamais rencontré.

Cette étude est bientôt après suivie d'une nouvelle note du même auteur.

(1867). *Réponse à quelques objections de MM. Marcou et Hébert, au sujet du terrain dit Laurentien, dans l'Ariége.* (1)

M. Garrigou

M. Garrigou ne fait que résumer son travail antérieur et insiste avec raison sur la présence du granite stratifié dans le massif de l'Ariége.

---

(1) B. s. g. de F. 2ᵐᵉ série, T. XXV, p. 136.

(1867). *Géologie de la station thermale de Luchon (h. g.)* par M. Garrigou et feu Louis Martin, (1).

Dans ce travail, l'un des auteurs, traitant ce point : « Age du terrain dans lequel naissent les sources sulfureuses, » dit : « Depuis la publication du mémoire sur Ax, l'un de nous a signalé les terrains cambriens et laurentiens dans les Pyrénées. Il me paraît évident, depuis lors, que les eaux d'Ax naissent à la limite du terrain silurien inférieur et du terrain cumbrien. »

L'auteur prend l'une pour l'autre les expressions de cumbrien et de cambrien ; leur valeur scientifique n'est cependant pas la même.

(1868). *Récit d'une exploration géologique de la vallée de la Sègre.* (2)

M. Leymerie

Dans ce travail, résultat d'une exploration commune au savant géologue et à son élève, M. Leymerie commence par l'étude du trajet entre l'Hospitalet et Carol.

---

(1) B. s. g. de F. 2me série, T. XXV, p. 624.
(2) B. s. g. de F. 2me série, T. XXVI, p. 604.

L'auteur décrit les granites, dépendances de ceux où l'Ariége prend sa source, les considère comme granite fondamental et reconnait au col de Puymorens un terrain de schistes anciens.

(*1868*). *Note sur l'existence de gisements de bauxite dans les départements de l'Hérault et de l'Ariége.* (1)

M. Daubrée

Dans ce travail, M. Daubrée donne les résultats d'une analyse de la bauxite de Foix, analyse faite par M. Stanislas Meunier.

(*1870*) *Texte explicatif de la carte géologique et minéralurgique du département de l'Ariége.*

M. Mussy, ingénieur des mines.

Dans cet ouvrage, M. Mussy divise la région sur laquelle portent nos études, de la manière suivante :

1° TERRAINS PRIMITIFS......	Granite et gneiss. Micaschistes.
2° TERRAINS DE TRANSITION...	Silurien inférieur. Silurien supérieur. Dévonien.
3° LIAS.............	Lias inférieur. Lias supérieur. Marnes supraliasiques.

---

(1) B. s. g. de F. 2ᵐᵉ série, T. XXVI, p. 915.

1° *Terrains primitifs.*

L'auteur étudie les granites sous divers titres et reconnaît chez presque tous des tendances à la stratification; son terrain de micaschiste est présenté avec assez d'exactitude.

2° *Terrains de transition.*

Les terrains de transition (silurien inférieur et silurien supérieur) sont donnés avec confusion : l'auteur place dans le silurien inférieur les calcaires cristallophylliens des environs de Mérens; il retrouve encore des calcaires siluriens inférieurs entre Unac et Garanou, à travers d'énormes masses granitiques; il ne saisit pas la corrélation de ces deux belles lignes de calcaire (son calcaire métallifère) et il fait occuper à ce membre si important du terrain de transition, des positions, qu'une étude de détail dans le bassin d'Ax, présente sous un autre jour.

Le terrain dévonien est donné avec de graves erreurs; c'est ainsi que M. Mussy place dans le dévonien le rocher crétacé à dicérates sur lequel repose le vieux château de Montségur; c'est ainsi qu'une longue bande de terrain à rudistes, terrain garumnien, crétacé inférieur, du col de Figuier au nord de Mouréous, est considérée comme dévonienne; que tout le crétacé de Montségur, Peyrot, Montferrier est placé dans le dévonien, et qu'enfin le dévonien de Montferrier à Saint-Paul-de-Jarrat est donné comme silurien et vice versa; le site dévonien de Lordat est placé dans les schistes terreux siluriens; les montagnes dévoniennes de la crête de Pénédis sont données comme siluriennes, etc.

M. Mussy considère comme jurassique le calcaire primitif de Charpentier. Tout le crétacé inférieur du signal de la Frau et de la forêt d'Embeyre est aussi considéré comme jurassique de la même formation.

La division du jurassique proprement dit en trois termes : lias inférieur, lias supérieur, marnes supraliasiques, est complètement arbitraire et contraire aux faits géologiques.

L'auteur n'a pas tenu compte de l'importante découverte faite par M. l'abbé Pouech de l'infra-lias; infra-lias qui, dans la région de Foix, joue un rôle de premier ordre.

M. Mussy a généralement appelé marnes supraliasiques, les marnes de l'infra-lias, et en beaucoup de points, les marnes du crétacé inférieur ont été baptisées du même nom.

L'étude du terrain ophitique, véritable monographie des roches pyroxéniques et des roches amphiboliques du département de l'Ariège a été faite avec détails et présentée généralement sous son vrai jour.

M. Mussy avait déjà donné antérieurement dans les *Annales des mines,* t. XIV, 1858, un mémoire intitulé : « Description de la constitution géologique » et des ressources minérales du canton de Vicdes- » sos et spécialement de la mine du Rancié. » Les parties importantes de ce travail, comme les notes du même auteur publiées dans le bulletin de la Société géologique de France, se retrouvent toutes dans le travail dont nous venons de faire l'analyse.

(*1874*). *Matériaux pour une étude stratigraphique des Pyrénées et des Corbières.* (1)

Henri Magnan

Dans ce mémoire, Magnan considère comme appartenant à l'époque laurentienne le massif du Saint-Barthélemy; dans l'article silurien, il dit, avec raison : « Le terrain silurien repose en concordance sur les couches du silurien inférieur ou cambrien. » Magnan reconnait aussi la concordance du silurien et du dévonien. Cette opinion, basée par les faits, contraire aux coupes de M. Garrigou, est aussi la nôtre.

L'auteur considère le calcaire primitif de Charpentier comme le représentant, dans les Pyrénées, du calcaire carbonifère.

Les données générales sur le terrain jurassique sont exactes, cependant nous devons signaler dans un travail antérieur de Magnan, une erreur d'appréciation qui fut aussi la nôtre, comme le consigne l'auteur; la cluse de Foix est due, non à des failles, mais à un bombement parfaiteement caractérisé. Cette opinion de notre excellent ami Magnan est consignée dans son mémoire sur la partie inférieure du terrain de craie. (*Mémoires de la Société géologique de France*, 2ᵉ série, t. IX.)

---

(1) Mémoire de la Société géologique de France, 2ᵉ série, t. X.

CHAPITRE II

Cartes géologiques.

Les cartes géologiques, donnant la région de la haute Ariége et publiées jusqu'à ce jour, sont au nombre de quatre.

Ce sont :

1º La carte de Charpentier.
2º La carte de Dufrénoy.
3º La carte de M. François.
4º La carte de M. Mussy.

1º Carte de Charpentier.

Charpentier ne donne que des notions très incomplètes sur la Haute-Ariége.

Toute la région ouest du bassin de l'Ariége, d'Andorre aux Cabannes, est placée dans le terrain de transition. L'auteur, ne donnant que de grandes lignes de démarcation, place le pic de Pédrous, Mérens et Ax, dans un massif granitique dépendant du Canigou, de Montlouis et Quérigut; ce massif s'étendrait par Mijanés, le col de Marmare, le Saint-Barthélemy jusqu'à Mérens et Bompas, pour marcher au nord de la vallée de Saurat, en laissant de côté la vallée de la Barguillière, qui serait devenue bande de transition, ainsi que Bélesta, Montségur, Saint-Paul et Montgaillard.

Charpentier a parcouru les vallées d'Ascou et d'Orlu : frappé par la présence des granites et des gneiss schisteux, que nous signalons dans cette région, il a formé dans cette contrée une enclave de schistes micacés.

Des environs de Seix à Vicdessos, l'auteur a observé le calcaire primitif, mais il ne l'a pas vu dans la région où ce terrain prend son plus grand développement (environs de Prades, Comus et Camurac).

Les terrains jurassique, crétacé, éocène du nord de la région (Montgaillard à Varilhes) sont désignés sous le nom de terrains du calcaire alpin et de calcaire du Jura.

Pour notre région, la carte de Charpentier se résume en cinq termes :

1° Terrain de transition, qui occupe presque tout le massif. Charpentier avait donc saisi que le granite ne régnait pas en maître dans ces régions; il avait vu les joints de schistosité et il refusait le nom de granites à ces terrains relevés.

2° Le terrain de schiste micacé, nom assez bien donné aux vallées d'Orlu et d'Ascou où règnent des schistes et des pegmatites stratifiées.

3° Le terrain de granite, nom donné à des régions souvent observées avec rapidité, mais aussi, souvent avec exactitude, comme au massif de Bassiès.

4° Le calcaire primitif de Seix à Vicdessos.

5° Les terrains formés de parallèles à la grande chaîne, unis sous le nom de calcaire alpin et de calcaire du Jura.

2º *Carte géologique de Dufrénoy.*

Occupons-nous d'abord des terrains cristallisés appelés par l'auteur terrains primitifs (g.granite).

Dufrénoy n'est point remonté jusqu'aux sources de l'Ariège, et trouvant dans la Soulane, au midi de l'Hospitalet, de véritables schistes, il a donné à ce banc (i, terrain de transition) une importance qu'il n'a point et a placé le pic granitique de Font-Nègre dans ces assises.

L'allure générale du massif, Ax, Pic de Serrère, Mont de Rialp, Bassiés, est assez bonne.

La partie schisteuse qui se rencontre au niveau de Mérens a été notée; l'auteur arrêté au lac Bleu n'a pas observé au-delà; il place avec raison le cours du Galba dans ce même terrain, mais l'infléchit trop vers le nord en le faisant mourir à Puyvalador.

Les massifs granitiques du Saint-Barthélemy, du pic des Trois-Seigneurs sont bien représentés.

Il en est de même de la marche de l'ensemble du terrain de transition entre Mérial et Ascou, les Cabannes, Siguer. Dufrénoy fait passer par erreur ce terrain par le massif d'Endron, toute la vallée de Soulan pour donner la main à un énorme massif de transition qui irait du midi d'Aulus à Sort et Urgel; ce terrain est bien marqué au niveau de Capounta.

Le terrain de transition nord du Saint-Barthélemy est assez bien représenté; Ganac et Brassac sont indiqués dans la même formation.

Le calcaire primitif de Charpentier, le jurassique et le crétacé, sont traités de crétacés inférieurs (C₁) jusqu'au niveau de Gabre où ils deviennent alors du jurassique (J¹).

3° M. François

Carte des mines et usines de fer de l'Ariége avec indication de la nature et des limites des terrains.

Dans ce travail avant tout minéralogique, M. François a soin de nous dire (page 80) : « Cette carte, au » point de vue de classification géologique renferme » plusieurs lacunes, mais sous le rapport de leur » délimitation topographique, son exécution présente » un degré d'approximation suffisante pour l'objet » qui nous occupe. »

M. François adopte en grande partie les données de la carte de Dufrénoy ; cependant il reconnaît, au midi du col de Puymorens, une zone de terrains de granite. (notre massif de Font-Nègre.)

Il indique comme terrain de transition modifié la grande bande où nous trouvons notre calcaire cristallophyllien, de Formiguière à l'étang de Carol ; l'auteur unit dans un même terrain (toujours le terrain de transition) tous les calcaires métallifères qui forment nos deux bandes, supérieure et inférieure du silurien, de l'est d'Ax à Vicdessos.

Le terrain de calcaire primitif de Charpentier, reconnu par Charpentier, d'Aulus à Vicdessos, est placé dans un « calcaire crétacé inférieur ou jurassique » et prolongé jusqu'aux environs de Prades et de Camurac. La contrée qui a Tarascon pour centre est placée dans le même étage.

Les vrais jurassique et crétacé sont appelés crétacé supérieur.

4° M. Mussy

4° Carte géologique du département de l'Ariége.

M. Mussy qui incline à reconnaitre du granite stratifié dans l'Ariége (texte explicatif), ne traduit pas sa pensée sur la carte géologique; il donne une teinte rouge uniforme pour tout le massif de la haute chaîne et n'a présenté le gneiss que là où règnent avant tout les pegmatites stratifiées.

La partie est, du banc calcaire cristallophyllien, Mérens, Pic de Terres, indiqué par Dufrénoy, est aussi observée et bien représentée en coupe; le reste de la bande est à peu près ignoré (du lac Bleu à la vallée de Soulcen). Le silurien inférieur (schistes ardoisiers anciens, comme le silurien supérieur demandent une refonte complète; notre travail porte d'une manière spéciale sur ce point où notre carte diffère totalement de celle de M. Mussy.

L'auteur a donné au silurien supérieur une trop grande extension aux dépens du dévonien, aux environs de Montaud près d'Ax.

Nous avons déjà signalé, dans l'étude du mémoire, que le travail était à reprendre pour tout le parcours des bandes nord (crétacé de tout âge, souvent bien caractérisé par ses fossiles) et donné comme dévonien par M. Mussy (nord du Saint-Barthélemy).

M. Mussy donne aussi au lias métamorphique (le calcaire primitif de Charpentier) une étendue beaucoup trop considérable (aux dépens du crétacé inférieur) dans les régions nord de Camurac et de Comus.

L'infra-lias, ignoré par l'auteur dans la région de l'est, est donné sous le nom de marnes supraliasiques.

LIVRE SECOND

CHAPITRE I

TOPOGRAPHIE

DU BASSIN DE L'ARIÉGE

Ce chapitre comprend :

§ 1er Situation du bassin de l'Ariége ;
§ 2. Limites du bassin ;
§ 3. Climat du bassin.

§ 1. SITUATION DU BASSIN DE L'ARIÉGE

La situation du bassin de l'Ariége est :
Latitude nord   — 43°32
Latitude sud   — 42°28
Longitude est   — 0°15
Longitude ouest — 0°75

Le bassin dans sa plus grande longueur du nord au sud dépasse donc 100 kilomètres et il approche dans sa largeur de l'est à l'ouest de 70 kilomètres.

§ 2. LIMITES DU BASSIN DE L'ARIÉGE

(1) Région Méridionale.

La limite méridionale du bassin de l'Ariége est formée par la frontière même de la France et de l'Espagne depuis le cap de Laban del Paret ou Bentfarine, 2361^m jusqu'au pic de Médécourbe, 2819^m. Elle commence par former la séparation du territoire français avec le territoire espagnol.

Partant du pic de Laban et suivant les sinuosités de la ligne de faite, nous passons par le port de Montescourbas, le port de Lartigue, 2319^m; le pic de Brougat 2881^m; le Guins des Taps, 2762^m; le Guins de Lase; le pic d'Estax, 3079^m; le port d'Estax; le pic de Canalbonne; le pic de la Rouge, 2762^m; le pic de Médecourbe, 2819^m; ce pic est frontière de France, d'Espagne et d'Andorre: il forme la limite nord du grand bassin espagnol de la Noguera Pallaresa et du bassin andorran de l'Embalire.

La frontière du bassin va maintenant séparer la France de la République d'Andorre, en séparant le bassin de l'Ariége du bassin de l'Embalire.

Nous trouvons d'abord le pic de las Bareytes, suivi du port Nègre ou d'Arensal, puis le port de Rat, 2601^m; le pic de Cabayrou, 2837^m; le port de Caraoussans, le pic de l'étang Fourcat, 2898^m; le pic de Tristagne 2879^m; le Port Vieux, 2604^m; le pic de l'Albelle, 2599^m; le pic de Fangassès, 2699^m; le pic du petit Siguier, 2903ᵐ; le pic Arial; le port de Siguier, 2591ᵐ; le pic de Baguels, 2546ᵐ; le port des Baguels ou des Peyreguils, 2585ᵐ; le pic du Sal; le pic de la Coume de Seignac; le pic de Serrère, 2911ᵐ; le pic de Mil Menu, 2735ᵐ; le col de la Portaneille; les pics de la Passade, 2580ᵐ; le pic de la Counette, 2564ᵐ; le port de Fontargente, 2252ᵐ; le midi du pic de Fontargente; le pic d'Ascobes; le pic de Siscarou, 2634ᵐ le pic de la Cabanette, 2811ᵐ.

A partir de ce point la frontière du bassin pénètre sur le sol de la république d'Andorre; nous suivons une crête rocheuse qui nous conduit au port de Saldeu, dans le voisinage duquel le Cémens descend vers l'Ariége; la même crête court ensuite vers le port de Fra Miquel, et au midi du pic andorran de Bulidor, nous trouvons, aux frontières d'Andorre et de France, le pic de la Font Nègre, 2600ᵐ, véritable source de l'Ariége.

Rentrant en France, la ligne de faîte rejoint ensuite le col de Puymorens, 1931ᵐ, qui met en communication la vallée de la Sègre avec la vallée de l'Ariége, les hauts sommets au nord de Porté, le porteille de Kerfourg, le porteille de Coume d'Or, les cimes du mont Pédrous 2831ᵐ; le pic de Bésinelles, 2503ᵐ; le pic de Lanoux, le col de Lanoux, le pic de Lagrave, la pique Rouge; au pied méridional de ce pic se trouvent les sources de la Tet; le pic de Comporcils, le pic de Mortes, le pic de Moustier, 2608ᵐ; le pic de Terres, 2549; le porteille d'Orlu, 2277ᵐ; le pic de Camp Ras, 2354ᵐ; le roc Blanc, 2543ᵐ. Le roc Blanc forme la limite du bassin de l'Ariége et du bassin de l'Aude.

(2) Région Est.

Du pic du roc Blanc, nous passons au pic de la Camisette et ensuite nous trouvons le pic de Baxioullade, 2249ᵐ le pic de Balboune, 2322ᵐ; le pic de las Liauses, 2166ᵐ; le roc de Bragues, le pic de Gabantsa, sur le versant Est duquel se trouvent de nombreux étangs; le sarrat des Escales, le pic de Tarbesou, 2366ᵐ; le roc de la Maoure, le pic de Mounégou, 2099ᵐ; le port de Pailhères, 1973ᵐ; le pic de Fontargent, la crête de Pailhères, le col de Laoudari, suivi bientôt du col de Pradel, le pic de Serembarre 1854ᵐ; le pic de Pénédis, 1813ᵐ; le col del Teil, 1575ᵐ; le bois de Cortalpic, les sommets de Camurac.

La limite du bassin passe ensuite à travers les forêts des hauts sommets à droite du col de l'Encize, 1400ᵐ; le col de la Lauzier, 1138ᵐ, Moussier, Lalibert, le signal de Rieufourcand, 1021ᵐ; le roc près de Bélesta, 930ᵐ; Caillol, Gélat, petits hameaux au centre de la forêt de Bélesta; elle prend ensuite la ligne des hauts sommets qui séparent la forêt de Carbonne de la forêt de Coumefroide, puis passant au nord de la forêt de Picaussel, elle rejoint les stations cotées sur la carte de l'État-Major, 951ᵐ; 862ᵐ; 1174ᵐ; la forêt de Callong, le pic de l'Agre, le pic de Coudons, 1156ᵐ; le Signal, 1017ᵐ; Nébias, les collines au midi de Moungé, la station 665ᵐ; le Moulin d'en bas, les Tougnets, l'est de Borde Neuve; l'ouest de Peyrouton, l'église de Font Rouge ou de Saint-Michel, 773ᵐ; Mouliniés, 627ᵐ; Lascal, 515ᵐ; le col de l'Espinasse, Gary, 602ᵐ; le nord des Rabous, le signal de Pomy, 550ᵐ; la limite du bassin passe ensuite entre Quille et Bartas, au signal 522ᵐ; près de Lauzal, de Courby, à Tury, à le Rey, à la station 391ᵐ; au midi d'Escueillens, au signal 452ᵐ, à l'ouest ensuite du même village; à Mont Louis, 372ᵐ; au village de Hounoux; la ligne s'élève ensuite vers Pech de Ma, 426ᵐ; l'arbre de las Brugues, 362ᵐ; Rau, le midi de Fanjeaux.

La ligne presque nord-est jusqu'à ce point, s'incline maintenant vers l'ouest et passe par les Vergnes, 324ᵐ; Curiège, 324ᵐ; Laurac, 412ᵐ; la Peyrotte, 393ᵐ; le midi de Fonters du Razès, 380ᵐ; le midi de Saint-Amans; le roc 374ᵐ; le nord de Bouac et des Mouilières, le nord de Saint-Sernin, le signal 354ᵐ; le village de Lalouvière, le nord de Janery, Dreuil, le midi de Fajac, le Ping, l'arbre 327ᵐ; le nord de Gibel; elle continue ensuite par Titou, 320ᵐ; Chandres, Eumarel, Palix, 288ᵐ; Fort, 287ᵐ; Montgeard, Nailloux, Laytié, Borde Pichonne, les Pourquiers, 279ᵐ; Peygnard, 280ᵐ; Peyre Bié, 266ᵐ; Dioudelle. Cardenat, 268ᵐ; Germinot, Bataille, 276ᵐ; Picard, 273ᵐ; Montbrun, 255ᵐ; Bellevue, 277ᵐ; Château Lafage, Falcon, 274ᵐ Vigoulet, le midi d'Auzil; la limite vient se terminer en face Portet à 139 mètres.

(3°) Région Ouest.

La naissance de la région Ouest est au Cap de Laban ou de Bentfarine, d'où descendent les affluents de la Noguera (Espagne) et du Salat et de l'Ariége (France).

Du cap de Laban del Paret s'échappe une haute chaine qui court à peu près du sud au nord; elle comprend d'abord les pics de Puntussan, 2715ᵐ; le pic de Très-Contès, le pic Rouge de Bassiés, 2677ᵐ; le pic de Caoumale; plus loin le pic de Planès, celui de Cabantous; bientôt on rencontre une forte dépression, le port de Saleix, qui fait communiquer la vallée du Garbet (rivière d'Aulus) avec la vallée de Vicdessos par l'intermédiaire du vallon de Saleix.

La ligne de faîte continue par le pic de Mont Ceint, 2088ᵐ; le roc de la Taupe d'Ourse; elle s'abaisse de nouveau au port d'Ercé ou de Massat; port qui fait communiquer la vallée de Massat avec le vallon de Suc, 1629ᵐ.

Une nouvelle crête nous conduit au tuc de la Fontanette, au pic de Barre, 2145ᵐ; puis à la puissante masse du pic des Trois Seigneurs, 2199ᵐ. La ligne s'abaisse ensuite sensiblement et passe bientôt au col du pas de la Pourtanelle que traverse le chemin direct de Rabat à Massat.

Nous trouvons ensuite le pic de la Journalade, 1949ᵐ; la légère dépression du col de Lestagnou, le pic d'Estibat, 1669ᵐ; puis le col de Port que traverse une belle route qui met en communication directe la vallée de l'Arac et celle de l'Ariège, par l'intermédiaire de la vallée de Saurat, 1249ᵐ.

S'inclinant maintenant un peu à l'ouest, la limite du bassin passe bientôt par le petit col de la Crouzette; elle passe ensuite par le pic de Razels, 1603ᵐ; le signal de Fontfrède, 1622ᵐ; là reprenant sa marche vers le nord, elle passe par des stations de moins en moins élevées, telles que le cap de Las Très Termes, 1281ᵐ; le cap del Sarrou de Font Clare, 1172ᵐ; puis par suite d'inclinaison vers l'est, on passe au midi de Sarrat d'Agréou, au-dessus de Bourel, à 1034; on joint ensuite le signal 1057ᵐ. De ce point, montant vers le nord, par Saury et Guillamole, la station 767ᵐ au nord de Montredon, la station 915ᵐ, on rejoint la Plaine, le château de Soulé, la Grange, le château de Ponsou, la station 492ᵐ, Laplagne, Fourné, Calvets; puis on passe par le nord de Péléchou, de Lastites et de Larché, Aron, 580ᵐ; le nord de Faux, 654ᵐ; les environs de la Freyche, 591ᵐ; Pujol, Commavère, 455ᵐ; Lasternes, 452ᵐ; Mallet.

On franchit la grande crête à la station 515ᵐ; on passe à Mane, 397ᵐ, au nord du hameau de Menay, par le roc Blanc de Montségur, par Goute-Longue, Traux de Loulo, la Garrabère, Roquebel et on pénètre dans les terrains de la plaine par la Selve, Galinat, Castéras; on arrive par Larthet, 380ᵐ, au Carla le Comte 396ᵐ.

La ligne qui marchait au nord s'incline maintenant vers le nord-ouest dans la direction de Sieuras, en passant par Pigailh, 318ᵐ; Malessères, 335ᵐ; Ségui, 370ᵐ; elle passe ensuite entre Sieuras et Méras, à 394^m; puis au château de Sieuras, à Poutous, 302^m; Canens, Pujol, Mallegarbe, 307^m; au château de Pis, Boye, 275^m; à la Bourdette, à Montgazin, à la croix 294^m; Bélair, 285^m; las Goulères, 290^m; Fabas, 280^m; la Grange, 232^m; la station 279^m avant Carrère; Barrière, 264^m; la Moudasse, 262^m; le château de Ribenet, 264^m; Mandement, 285^m; la station, 301^m; Tarrastet, 270^m; la Ferrasse, 285^m; les Trémoulets, 264^m; les environs de Castéras, 202^m; les Chapins, 165^m; Jouanin, Figarède, château Beaueru, puis une plaine, 150^m, commune aux deux bassins de l'Ariége et de la Garonne, plaine qui s'étend de Pinsaguel jusqu'en face Portet, embouchure de l'Ariége et limite du bassin, 139^m.

§ (3) FORME DU BASSIN

La forme du bassin de l'Ariége est à peu près celle d'un hexagone irrégulier dont un côté forme la base.

Le plus grand côté va du pic de Médecourbe à Portet; le second de Portet vers Fanjeaux; le troisième de Fanjeaux à Nébias ; le quatrième de Nébias à Camurac; le cinquième de Camurac au pic Rouge et le sixième du pic Rouge au pic de Médecourbe, par les crêtes pyrénéennes.

ᴥ (4) CLIMAT DU BASSIN DE L'ARIÉGE

Le bassin comprenant deux parties essentiellement distinctes par l'altitude : la plaine et la montagne, doit offrir :

1° deux climats différents;

2° un climat mixte.

Le climat de la plaine est généralement chaud, il est fortement influencé par le vent du sud-est qui vient du bassin de l'Aude; il reçoit beaucoup de pluie par suite de la fréquence du vent d'ouest.

C'est le climat, parfaitement connu, de la contrée qui a Toulouse pour centre.

Ce climat produit son effet jusqu'à Varilhes.

Le redressement des montagnes, les défilés étroits donnent ici une délimitation des plus marquée pour le climat mixte.

Chaud durant les jours de l'été, froid durant les jours de l'hiver; toujours tempéré durant les nuits d'été; très-sujet à des changements brusques; tel est le climat des vallées de toute la haute Ariége

Quant aux vraies montagnes, elles ne possèdent à proprement parler, que deux saisons: la saison des neiges et la saison des orages.

Un été, toujours brûlant, même sur les plus hautes cimes, quand souffle le vent du sud, très-tempéré le reste du temps, mais un été de deux mois à peine, coupé souvent par des jours de gros hiver; un hiver qui dure les trois quarts de l'année; tel est le climat des hautes montagnes.

La température de la seconde moitié du mois d'août s'abaisse ordinairement d'une manière très-sensible durant la nuit et les gelées nocturnes sont fréquentes dès le 25 du mois. En plusieurs points, les neiges sont éternelles (fond de la vallée de la Coume de Varilhes, étang de Coume d'Ose, environs du pic de Pedrous, pic de Castille.)

CHAPITRE II

HYDROGRAPHIE

DU BASSIN DE L'ARIÉGE

Ce chapitre comprend :

§ 1. Description du cours de l'Ariége,
§ 2. Etude des affluents de l'Ariége,
    A. Etude des affluents de la rive gauche de l'Ariége
    B. Etude des affluents de la rive droite de l'Ariége,
    C. Inondations. — Epoques des crues,
    D. Pente de l'Ariége.

§ (1) DESCRIPTION DU COURS DE L'ARIEGE.

—

L'Ariége qui sort de l'étang de Font-Nègre, sur la pente nord du pic de la Font-Nègre, 2600^m et se jette dans la Garonne en face Portet, 139^m, a un cours de 150 kilomètres. Sortant des roches granitiques, le ruisseau très-modeste dans ses débuts, se cache d'abord sous les éboulis du pic de Font-Nègre; puis coulant bientôt à travers quelques maigres prairies légèrement tourbeuses, il laisse sur sa droite la chaîne granitique qui va constituer les puissants massifs du pic de Bayette, de Font-Frède, de Porté, etc.; et traverse une bande de terrain de transition d'où descendent en France, le ruisseau de Bac de More, la Baladra; en Andorre, le Cémens.

Aux environs de Pont-Cerda, nous pénétrons dans un gneiss granitoïde; nous quittons la contrée connue sous le nom de Soulane, haute vallée à herbes rabougries, que se disputent depuis des siècles les pâtres de France et d'Andorre et nous entrons dans une étroite vallée de fracture qui marche du sud au nord depuis Pont-Cerda jusqu'à Ax.

Entre les deux Mérens, Mérens d'en haut et Mérens d'en bas, nous rencontrons un banc schisteux, calcaire et porphyrique en plusieurs points. Le granite passe souvent à un sable feldspathique; ce phénomène est principalement marqué dans le voisinage des Bazerques.

La vallée ne s'est élargie qu'en un point, c'est au niveau de Mérens : le Mourguillou d'un côté, le ruisseau de Nabre de l'autre ; ces affluents ont creusé leur lit dans des roches fissiles, roches qui ont subi une facile décomposition et le petit bassin de Mérens a été créé.

Arrivé au niveau d'Ax, l'Ariége au moment où il reçoit l'Ascou et l'Oriége s'incurve vers l'ouest; le promontoire formé par la rencontre des deux affluents laisse sortir, au milieu des pegmatites, les eaux sulfureuses qui ont donné une célébrité à cette localité.

Nous quittons à la sortie du bassin d'Ax les dernières roches granitiques.

La direction vers le sud sera à peu près constante depuis Ax jusqu'à Tarascon; notre cours d'eau va couper obliquement tous les terrains que nous rencontrerons sur son parcours.

Ces terrains viennent s'appuyer sur le puissant massif franco-andorran qui borde l'Ariége, à peu de distance sur sa rive gauche, depuis Ax jusqu'aux environs d'Albiés et des Cabannes.

Le terrain silurien d'abord, après avoir bordé la rive droite, opère son passage sur la rive gauche un peu avant Luzenac.

Le dévonien, dont les éléments les plus tendres ont disparu par le creusement de la vallée de Caussou et de Bestiac, se montre encore sous les pentes de Bestiac; il continue à mi-côté en face Luzenac et constitue une partie du massif du roc de Lordat; nous le trouvons encore à la montagne de Saint-Pierre des Cabannes.

Nous rencontrons ensuite le puissant massif de Calcaire blanc qui constitue d'abord les montagnes du midi de Belcaire, puis celles de Montaillou et de Prades; ce massif va en se rétrécissant à mesure qu'il se rapproche de l'Ariége, et je le retrouve, sur la rive gauche, réduit à quelques mètres de puissance dans les contrées de Larnat, Gestiés, Siguier, pour reprendre ensuite son développement dans les environs de Viedessos et d'Aulus.

Le terrain crétacé inférieur, fortement faillé, forme ensuite le bassin de Tarascon.

Nous trouvons alors une puissante crête de rochers dont le sommet principal est l'Aiguille de la Soulombrié.

Ce sont ces mêmes roches qui affectent dans notre chaîne une disposition constante: nous les avons vues au défilé de la Pierre-Lisse dans l'Aude, nous les avons retrouvées dans la vallée de la Sègre; elles offrent partout le même aspect: de gros murs d'un blanc grisâtre, murs inaccessibles du côté du torrent, et, par suite de cette disposition, absence presque complète de végétation.

La comparaison entre ce point de la vallée de l'Ariége et la vallée de l'Aude, entre ce point de la vallée de l'Ariége et la vallée de la Sègre, donne encore lieu à un rapprochement plus complet. Dans la vallée de l'Aude, le grand mur de la Pierre-lisse qui se dresse au midi de Belvianes, surmonté à gauche, de la Sucques de la Serro, 1145^m; à droite, des hauts sommets qui portent sur leur versant méridional la forêt des Fanges, s'abaisse tout d'un coup et laisse dans un petit vallon, limité au midi par le Cap de Fer, l'espace nécessaire pour le territoire du village de Saint-Martin.

Saint-Martin repose sur un étage inférieur du crétacé; étage caractérisé par des couches argileuses, gris-noirâtre, riches en ammonites en décomposition.

Dans la vallée de la Sègre, entre les monts de l'Hostalet qui se continuent par les hauts sommets, à neiges éternelles, des montagnes de Cadix et le grand mur qui précède Organya, il existe aussi un bassin formé de couches schisteuses où M. Leymerie rencontrait avec nous le Nautilus radiatus, où M. de Verneuil avait rencontré antérieurement l'Exogira aquila, des Orbitolites, etc. (1)

Cette assimilation des deux points signalés antérieurement présente un nouveau terme de comparaison dans la contrée qui nous occupe.

Commençant au niveau du torrent de Verdun, le calcaire crétacé s'abaisse subitement au vallon d'Ornolac pour se relever ensuite aux rochers qui renrenferment les sources minérales des bassins d'Ussat.

La situation du village d'Ornolac, celle du vallon qui remonte au col d'Ussat est identiquement la même que celle des localités précitées, Saint-Martin et Organya; mêmes terrains, mêmes fossiles, situés

---

(1) B. S. G. de F. M. Leymerie. Récit d'une exploration géologique de la vallée de la Sègre.

dans une même dépression, formée par l'enlèvement de couches schisteuses; par conséquent de couches plus facilement attaquables par les agents extérieurs que les couches calcareuses qui l'enserrent à droite et à gauche.

Cette couche étudiée plus à l'ouest, dans les montagnes du Débès au-dessus de Genat, nous présenterait les mêmes accidents, les mêmes fossiles toujours aplatis, toujours déformés, mais identiques.

Nous arrivons ainsi au bassin de Tarascon, large bassin, troisième évasement d'une certaine importance sur le cours du fleuve; le premier s'était présenté à Ax, par la rencontre de l'Ariège, et du torrent d'Ascou; les Cabannes nous offraient le second par le confluent de l'Ariège et du torrent d'Aston.

A Tarascon, l'Ariège reçoit le Vicdessos, la rivière de Saurat, la Courbière qui arrose Gourbit, Rabat et Banat; sur la droite, et bientôt après sur la gauche de l'Ariège, se montrent les roches granitiques qui descendent en ligne droite des hauts sommets du Saint-Barthélemy pour former ensuite au-dessus de Saurat et du col de Port, les montagnes du Touron et de la Coume de Pignon.

Le granite aux environs de Bompas présente des accidents glaciéres nombreux, roches moutonnées, etc.

En face, au delà d'une puissante terrasse se dresse, entre le Saurat et la Courbière, la montagne isolée de Bedeilhac; ses grottes exploitées par ceux qui étudient l'homme préhistorique, ses carrières de plâtre, son anhydrite, attirent sur elle une légitime attention.

A partir du confluent du Saurat, l'Ariége présente en grand, le phénomène des terrasses : tantôt elle portera la terrasse sur une de ses rives (environs d'Arignac) tantôt sur les deux rives (Montgaillard).

Les roches granitiques continuent à gauche sur Arignac, Ginabat et Prayols et disparaissent définitivement sur la droite à partir du roc qui précéde Saint-Antoine.

Venant des environs du col de la Lauze, et passant par le nord de Tragine et Saint-Genés, un faible lambeau du terrain silurien et du terrain dévonien, qui borde le versant nord du Saint-Barthélemy vient mourir sur les bords de l'Ariége au niveau de Saint-Antoine, près d'un massif ophitique en décomposition.

Puis s'ouvre la vallée de Saint-Paul, vallée accidentée de nombreux monticules boisés, formés de grès présentant de nombreux fossiles végétaux et dans certains quartiers déterminés les fossiles caractéristiques de l'époque Turonienne (Leychert, Saint-Cyrac, etc.)

L'autre versant de la vallée, caractérisé par le cap de Touron, présente de nombreux accidents; sur les pentes du terrain crétacé supérieur, nous trouvons au milieu des bois de nombreux débris granitiques de l'époque glacière, débris, qui se joignent aux boues glacières qui occupent les pentes sud et nord du piton de Montgaillard; puis sous Saint-Genés, des roches du crétacé inférieur avec de nombreux débris d'oursins et au dessus, par failles, des répétitions de l'infra-lias, qui forme une longue bande dans toute la contrée; infra-lias enserré entre deux bancs du lias, et comme entablement du sommet de la montagne, le crétacé inférieur.

On arrive à Foix bordé par les dolomies du lias, sur la droite; bordé sur la gauche, de Prayols à Lauquié, par les terrains de transition, (cambrien, silurien et dévonien). Ces terrains sont suivis du terrain décomposé de la Barguillière, qui va butter dans le lit de l'Arget sous le château, contre un crétacé schisteux à grandes ammonites.

Le bassin de Foix mérite par son importance une étude spéciale.

L'Ariége arrive sous la ville entre deux terrasses, surmontées elles-mêmes de terrasses plus anciennes qui ont laissé de nombreux témoins.

La rive droite est bordée par la rivière qui dispute le terrain aux habitations conquises sur le sol même de la montagne; la rive gauche, le site même de Foix, est sur une vaste terrasse formée par les débris roulés des montagnes de la haute-Ariége et des sommets de la vallée de la Barguillière, débris portés, soit par les glaciers dont les montagnes portent les traces, soit par les torrents d'une époque géologique antérieure.

J'insiste sur cette période glacière, car elle a laissé de nombreux témoins, des blocs granitiques énormes sont en partie cachés dans les bois, et recouverts par par la végétation dans la montagne qui surmonte les hôtels de la rive droite. Les roches, soit de la montagne de Saint-Sauveur, versant du sud, soit du monticule de Saint-Martin de Carralp, présentent des stries glacières : de puissantes terrasses étagées occupent toute la plaine en amont de Foix : la ville entière repose sur un lit formé d'énormes blocs de roches granitiques en partie arrondies avec sable granitique fin : le chemin qui monte de Foix à l'Ecole normale de Montgauzy donne la coupe des terrasses supérieures : ces terrasses supérieures n'étaient séparées de la vallée de la Barguillière au niveau de Cadirac, que par une mince langue de terre, langue de terre couverte encore de blocs erratiques.

La Barguillière a été transformée en lac pour un temps plus ou moins long ; les premières pentes au-dessus de Cadirac et au-dessus de Ganac portent encore les dépôts vaseux de cette époque.

Les eaux de la Barguillière retirées, ont laissé pour les âges futurs le souvenir de leur passage dans la ville même de Foix, les crevasses qui se montrent sur les sommets du rocher du château, sont encore remplies par les débris du granite décomposé de la vallée de la Barguillière.

A la sortie de Foix, la vallée se resserre de nouveau, puis s'élargit à Berdoulet, en recevant obliquement sur la droite les eaux de la vallée de l'Herm.

Un nouveau défilé se présente, le pas de Labarre, suivi, quelques kilomètres plus loin du défilé de Saint-Jean de Verges.

L'Ariége traverse les contre-forts parallèles à la grande chaîne ; il y a ainsi alternance de défilés et de plaines. Les Pyrénées expirent sous le miocène des collines de Varilhes et alors, jusqu'à l'embouchure, notre rivière roule ses eaux au sein d'un dépôt quaternaire, qui atteint aux environs de Pamiers, de Saverdun, de Cintegabelle, un vaste développement.

Plus loin, dans le voisinage de Pins, les dépôts de la Garonne et de l'Ariége se donnent la main : nous touchons au confluent qui s'opère en face de Portet.

§ 2. AFFLUENTS DE L'ARIÉGE

A. Affluents de la rive gauche de l'Ariége.

La première grande crête de déversement est celle qui partant de la ligne de faîte au pic de la Font Nègre, 2600^m et du pic Nègre 2812^m, se continue par les massifs andorrans du Bulidor, de Costarolona, la Puerto de Fra-Miquel, le mont Ortafa, la puerto de Saldeu, le pic français de la Cabanette, 2841^m, le pic de Siscarou, 2634^m; le pic d'Ascobes, 2775^m; le pic de l'Albe, 2764; le pic de la Tose de Pédourès, 2505^m. Elle donne ensuite naissance à une longue arête qui partant du pic de Vaillette d'Esteil, 2409^m, et passant ensuite par les stations 2143^m et 2050^m, va se terminer brusquement en pointe, à 1056^m devant Mérens.

De cette crête s'écoulent :

le Cémens;
la Sisca, qui reçoit le Baldarques
et le Pédourès,

Le versant de gauche de la crête forme l'arête du bassin de Mourguillou.

Le Cémens.

Le Cémens, rivière andorrane, vient des environs du Puerto de Salden, et coule entre le mont Ortafa et les pentes du pic de la Cabanette, ainsi que celles du mont Mélé, 2813^m; il se termine presque en face du confluent du ruisseau du Bac del More avec l'Ariége, à 1672^m; le Cemens forme un véritable ravin dont l'eau ne tarit jamais.

La Sisca.

La Sisca sort de l'étang de Regalecio sur le penchant d'un pic à 2775^m; elle arrive rapidement dans l'étang de Sisca et court en passant par le Saut du Taureau vers l'Hospitalet.

La Sisca se grossit en chemin du ruisseau de Baldarqués qui descend de l'étang de Pédourès.

Le pic de Neressole, 2634^m, placé entre ces deux rivières, leur déverse toutes ses eaux.

Le Pédourès.

Plus loin coule dans un étroit ravin le Pédourès qui descend du pic de Tose de Pédourès et passe entre le massif de Néressole et le pic de Clote Fouride. Le Pédourès verse ses eaux en face du pont de Saillens.

La deuxième crête de déversement part du pic de Fontargente 2780^m, file par le pic de Fourcade, le pic de Cazalassis, 2534^m; le pic de l'étang Rebenty, 2416^m, la tute de l'Ours, 2259^m; le signal 1881^m et s'abaissant encore par 1370^m va mourir près du moulin d'Encastel, à l'ouest d'Ax.

Cette crête enserre d'un côté, le bassin de Mourguillou, de l'autre, le bassin de Nageai. De cette même crête, entre Ax et Mérens, descend encore le Rec des Estagnols.

Le Mourguillou.

Le Mourguillou descend du pied nord du Tuc de Pédourès et du versant sud du pic de Castille, 2403^m; en même temps que du pic du port de Cazalassis, 2504^m; il traverse, au pied du pic de Castille, l'étang des Estagnols et rencontre bientôt à 1776^m, l'étang de Comté; puis continuant sa route entre les pentes du Rébenty, à gauche, et le bois de Loubac, à droite, il termine sa course en ligne droite, à 1056^m, en face Mérens.

Le Rec des Estagnols.

Le Rec des Estagnols, autre affluent de l'Ariége entre Ax et l'Hospitalet, prend sa source au pied nord du mont de l'étang Rébenty et filant entre la tute de l'Ours, 2259^m et le pic de Savis, 1957^m, il se jette dans l'Ariége près du pont de Berduquet.

Le Nagear.

La vallée du Nagear est séparée de la vallée du ruisseau de Luzenac par une crête qui part du voisinage de la ligne de faîte, au pic des Calmelles, 2322^m; cette crête passe par le pic de Lauzat, le pic d'Espaillat, 2261^m, domine le lac des Cloutels, et se termine par des contre-forts qui longent le cours de l'Ariége en face les villages de Savignac et de Vaichis. Le point culminant dans la partie inférieure est la jasse de Geriés, 1711^m.

Les sources du Nagear sont situées au nord du pic de Cazalassis et au midi du col de Beil, près le pic de Calmelles; elles enserrent le pic Redoun; la rivière descend principalement de l'étang Bleu, au midi du port de Cazalassis. Bientôt, avant d'être longé par les longs bois des Esquers, le Nagear reçoit sur la gauche un petit affluent qui descend des pics de Lauzat et d'Espaillat, en traversant une série de petits étangs; d'abord les étangs d'Embizous, entre le pic de Lauzat et le pic d'Espaillat, puis le lac des Cloutels, au midi du pic d'Espaillat, enfin traversant des lieux habités, connus sous le nom de granges de la vallée de Savignac, le Nagear vient tomber en cascades et rejoindre l'Ariége en face le village de Savignac.

Le Layal.

Entre Savignac et Luzenac, l'Ariége reçoit quelques faibles ruisseaux sans importance; le plus considérable est le Layal qui vient mourir au Castelet.

Ces ruisseaux descendent d'une ligne de faîte qui se détache de la précédente, et a son principal sommet au pic d'Aureille Labout, 1511^m, en face Luzenac et Unac.

Le Luzenac.

Descendant du pic d'Espaillat, 2261^m, mais sur son côté gauche, le ruisseau de Luzenac se trouve séparé de la vallée suivante par une ligne de faîte, qui venant du pic frontière de Fontargente, passe à l'ouest des pics des Calmettes, puis par le col de la Ridorte, le col de Finestres, la fontaine de Gallino, les jasses de Beill et la crête qui domine le bois de Castillon pour se terminer en face Garanou.

Le Mourègue

Des environs de la jasse de Beill, en même temps que de la jasse de Coume de Legunas, sort le ruisseau de Mourègues qui vient mourir à Lassur après avoir longé le bois des Debès, versant opposé du bois de Castillon.

Le Sauzet.

Dans le voisinage de la source de ce ruisseau se trouve celle du Sauzet qui arrose les bois de Cériés.

Ce petit bassin est limité à l'ouest par le crête du Sarrat des Oisels, 1740^m, crête qui passe au-dessus de Hières et qui mourant sur Puech, se trouve limitrophe du bassin de l'Aston. Ce ruisseau rejoint l'Ariége en face Albiés.

L'Aston.

L'Aston sort de plusieurs sources qui partent des cimes de la frontière; les principales sont situées à l'ouest du pic noir de Juncla, et ce sont les plus considérables, aux étangs de Fontargente : sur la droite il reçoit un bras qui sort du lac de l'Estagnole.

L'Aston ne tarde pas à recevoir un autre affluent, le ruisseau de la Coume de Varilhes qui descend des pics frontières de la Passade, 2580^m, et du pic de la Cabaillère où se trouve le lac de Mirabal, 2272^m.

Le confluent de l'Aston et du ruisseau de la Coume de Varilhes, situé près de la cabane de Garseing, est voisin du canal de déversement sur la gauche du lac de Cabaillère.

L'Aston file ensuite à travers une gorge très-étroite, très-escarpée, très-moutonnée, recevant sur ses deux rives, principalement sur la gauche, de nombreux cours d'eau, dont les principaux seront l'objet d'une étude spéciale; il finit entre Aulos et les Cabannes, en face Verdun.

Il reçoit, d'abord à droite, le ruisseau qui descend de l'étang de Reuille et du col de Breil, puis le ruisseau des Cabannes de Puissiergues et de Toudous, à gauche, le Guixel bientôt suivi du Querlong.

Le Querlong descend par plusieurs branches des étangs de la Sabine, 2065^m, sur le penchant du pic de l'étang Blanc et du pic de la Sabine : une autre branche contournant le pic de Thoumas, 2743^m, sort de l'étang du Soulanet, auprès du port de Bagnels ou de Peyreguils.

Il reçoit peu après la sortie des étangs, la Coume de Seignac qui descend de la cime frontière, la Coume de Seignac 2911ᵐ.

Les sommets connus sous le nom de pic de l'Estagnole sont placés entre les sources du Querlong et celles du ruisseau de la Coume de Seignac.

Le ruisseau de Seignac arrive au Querlong, grossi sur sa droite du ruisseau de la Coume d'Ose.

Ce ruisseau de Coume d'Ose prend sa source dans un petit lac situé à plus de 2000ᵐ, et est séparé du ruisseau de Seignac par le pic de l'Homme-Mort, 2586ᵐ. Le lac de Coume d'Ose est un des points les plus abrupts des Pyrénées, entouré de montagnes verticales qui donnent le passage de la Porteille vers l'Andorre, un col difficile, vers la Coume de Seignac, un col plus difficile encore vers la Coume de Varilhes; le torrent s'écoule ensuite en cascades vers la Coume de Seignac.

A une très faible distance, le ruisseau de Querlong reçoit presque en face l'un de l'autre, sur la rive droite, le ruisseau de la Coume de Jax, sur la rive gauche, le ruisseau de Mille-Roques.

Le ruisseau de la Coume de Jax, séparé du ruisseau de la Coume d'Ose par le massif du pic de Riez, 2590ᵐ, prend naissance dans les lacs de la Peyre et de Castellasses.

Le confluent du Querlong et du Coume de Jax a lieu au pied du col de Gosc, montagne de 2095ᵐ.

Le massif dont fait partie le pic de col de Gosc sépare le petit bassin du Guixel, affluent de l'Aston, du bassin du Querlong.

Le Mille-Roques qui arrive de l'étang de Mille-Roques, 2188ᵐ, au pied du pic de Bouc, est séparé du Querlong proprement dit par le massif de la Sabine.

Du pic de Mille-Roques, 2492ᵐ, part une grande crête qui meurt sur les bords de l'Aston sous le nom de Roc de Juel, 1705ᵐ, au dessus du pont Calvière; elle sépare le bassin du Mille-Roques et du Querlong, du bassin nouveau de la Calvière, affluent direct de l'Aston sur la rive gauche.

La Calvière prend sa source à la Unarde et dans des contreforts du pic de Mille-Roques pour tomber ensuite dans l'Aston au pont de Calvière.

Tenant peu de compte du ruisseau d'Astaran, reçu par l'Aston sur la droite, nous arrivons bientôt au Sirbat, sur la rive gauche.

Le Sirbat, à peu près parallèle au Calvière, prend sa source dans le voisinage du pas de las Aigues, 2288ᵐ, et à l'étang de Larnom, 1957ᵐ. Cette rivière rejoint l'Aston près du hameau de Séguerbech.

Le dernier des affluents de l'Aston, rive gauche, le Ressec, prend sa source au pic de Clot Taillat, 1970ᵐ, et à travers le bois de Pourguet, va tomber dans l'Aston près du village d'Aston.

Le Méda.

Citons pour mémoire le ruisseau de Méda qui prend sa source à la Lesse de Bialac et se jette directement dans l'Ariège après avoir traversé Bouan et terminons l'étude du bassin de l'Aston par celle de la grande crête qui sépare la vallée du Vicdessos de la vallée de l'Aston.

Cette arête a été prise avec une grande fidélité comme ligne de démarcation entre le canton des Cabannes et celui de Viedessos.

Partant du pic frontière de Bagnels, 2616^m, dont les eaux se déversent dans le Rialp, (Andorre) la crête se continue entre l'étang Blanc et l'étang de Soulanet, par le pic de Thoumas, 2743^m, puis par le pic de l'Etang Blanc, le pic de Bouc, 2601^m, le pic et le col du Pas du Chien, 2492^m; la Unarde 2253^m; le signal de Beyses, le pas de las Aigues, 2288^m; le cap de la Serre des Affumats, 2095^m le pas de l'Escalier, le pas del clos Trillat, le signal du pla de Mont Camp, 1995^m; le rocher de Miglos, 1712^m; le signal de Mont Camp, 1671^m; la lesse de Bialac et les bois de Larnat, au nord de la pique de Baychou.

Le Viedessos

Nous connaissons la limite est du bassin du Viedessos, puisqu'elle est formée par l'arête de la vallée d'Aston.

Il nous reste à connaitre les limites sud et ouest.

La limite sud est formée par la ligne de faite des Pyrénées françaises; elle va du pic de Bagnels au pic de Médecourbe.

La limite est, qui sépare le bassin du Viedessos de celui d'un des bras de la Noguera Pallaresa commence au pic de Médecourbe, 2849^m, continue par le port de Bouet, le pic de la Rouge 2762^m, le port de Vieil, le pic de Cassalbonne, le port d'Estax et le pic d'Estax, 3073^m; le Guins de Lase, le Guins des Taps, le pic de Brougat, 2881^m; le port de Lartigue, 2319^m; le port de

Montescourbas ; le cap de Laban del Paret ou de Bentfarine, qui forme limite des bassins espagnols, du bassin du Salat et du bassin de l'Ariège ; le pic de Pantussan, 2715ᵐ ; le pic de Très Comtés, le pic Rouge de Bassiès, 2677ᵐ ; le pic de Choumale ; puis continuant par une ligne sud nord, le pic de Planés, 2065ᵐ ; le pic de Cabanatous, 2053ᵐ ; le port de Saleix, qui fait communiquer les vallées du Vicdessos et du Salat par les vallées de Saleix et d'Aulus, le pic de Mont Ceint ; le port d'Ercé ou de Massat qui fait communiquer la vallée de Suc avec la vallée du Tourtignou, affluent de l'Arac ; la ligne de démarcation passe ensuite par le pic de Fontanette, le pic de Barre, 2145ᵐ, pour rejoindre le massif des Trois Seigneurs, 2199ᵐ.

Du pic des Trois Seigneurs, s'échappent des eaux en tous sens ; le midi du pic contient l'étang d'Arbu, principale source du Suc et l'étang d'Aiguelines ; de l'ouest s'écoule l'Arac vers Port et Massat ; du versant est, les diverses sources du Rabat.

Après le pic des Trois Seigneurs, la frontière du bassin marche vers l'est par le pic de Peyroutel, 2111ᵐ ; le col de la Couillarde, le pic de Pioulou, 2165ᵐ ; le pic de Bassibié, le pic de Boucarle, le roc de Querquéou 1887ᵐ.

De là, tournant à droite, on traverse une série de sommets boisés ; on arrive au bois de la Garrigue qui renferme le col de Très Coustals et le bassin se termine auprès de Tarascon par les hauteurs, 907ᵐ, qui dominent Quié.

Le Vicdessos dans son long parcours porte à tort

différents noms; d'abord ruisseau de Soulcen, il devient rivière d'Auzat et prend enfin le nom du principal village de la vallée.

Le Soulcen prend ses sources au lac de Médecourbe, 2192ᵐ et dans le voisinage du pic de Las Bareytes; il court ensuite en ligne droite et reçoit à gauche, les eaux de l'étang de Roumazel; à droite celles de l'étang de Caraoussans.

Plus bas, il reçoit sur la gauche les eaux de l'étang de Rioufret, déversées par la pente sud du Mont Calm, sur l'autre rive, les eaux de l'étang Picot. Les eaux de l'étang Picot descendent d'une crête mince et abrupte qui sépare la vallée d'Artiés de la vallée principale.

A Marc, la rivière d'Auzat reçoit sur la gauche l'affluent connu sous le nom de l'Artigue, dont les eaux de la rive droite proviennent en grande partie du versant nord du mont Calm; elles descendent aussi des environs du pic d'Estax, 3073ᵐ; du pic de Brougat, 2881ᵐ et du port de l'Artigue, 2319ᵐ.

Celles du nord viennent d'une crête qui part du port de l'Artigue et passe par le cap de Laban, le pic de Puntussan, le pic de Très-Comtés, le pic Rouge de Bassiés, que nous avons déjà vus formant la limite du bassin de l'Ariège et du Salat.

La rivière d'Auzat reçoit ensuite sur la même rive le ruisseau d'Argansou, ruisseau d'un parcours peu étendu, bientôt suivi du torrent de Bassiés.

Le Bassiés prend sa source entre le pic de Caoumale et le pic Rouge de Bassiés, 2677ᵐ, aux étangs de Lavans de l'Escale, puis décrivant une grande courbe, il traverse les étangs de Bassiés et tombe en cascades dans la rivière d'Auzat.

La crête du cap de Fuin, 2381ᵐ et du pic de Sauvés, 2175ᵐ, sépare le bassin de l'Argansou de celui de Bassiés.

Peu après l'Auzat reçoit l'Artiez sur l'autre rive. L'Artiez est limité à l'ouest par le pic de l'étang Fourcat, par le pic de Malcaras, 2904ᵐ, suivi d'une longue crête rocheuse qui s'arrête au-dessus de Balens.

A l'est, il est séparé de la vallée de la Guionère, affluent du Siguer par le pic de Tristagne, 2879ᵐ, le port de l'Arbeille, le pic de l'Aspre, 2745ᵐ, qui font partie d'une crête étroite où nous trouvons le pic de Peyrot, 2182ᵐ; le pic d'Endron, 2476ᵐ : du pic d'Endron s'échappe un premier contre-fort qui meurt en face d'Auzat et forme avec le contre-fort qui s'échappe un peu plus loin du pic de Garbié, le bassin de Goulier.

La crête du Garbié se termine en face Vicdessos par le pic de Rizouls, 1387ᵐ et la crête de Berquié.

Cette crête de Garbié, Berquié, avec la continuation de celle de Garbié vers le nord, enferme par les pics de Lercoul, 1887ᵐ, de la Gauchette et le massif de Rancié, le bassin du Sem, qui rejoint en cascade le Vicdessos, au hameau de Cabre.

Des pentes du pic de l'étang Fourcat, 2898ᵐ, et d'une montagne à gauche, qui porte l'étang de la Oussade, descend par le grand étang Fourcat, suivi du petit Fourcat, la principale branche de l'Artiés; l'étang de l'Arbeille, près du port du même nom, lui donne aussi son contingent sur la droite. Les eaux des deux ruisseaux se réunissent à l'Orry de la Claudière et tombent peu après dans l'étang d'Izourt, 1612"; après avoir arrosé les hameaux de Pradières, d'Artiés et de Benase, l'Artiés rejoint l'Auzat.

Dans la plaine reserrée qui s'étend d'Auzat à Cabre, l'Auzat reçoit sur la gauche, le Saleix, puis le Suc, sur l'autre rive le ruisseau de Goulier.

Le Saleix prend sa source au port de ce nom et arrive après un cours rapide, rejoindre l'Auzat un peu au-dessous du village.

Le Saleix est séparé du Bassiés par la crête de Cabantous, 2088^m, crête qui se termine sur Auzat par les bois del Far.

Une autre crête partant du pic de Mont Ceint, 2031^m et comprenant la Taupe de l'Ours, le pic de Groulà 1982^m et qui s'arrête au-dessus de Saleix, sépare le bassin du Saleix de celui du Suc.

Le Suc prend ses sources au port d'Ercé, 1628^m, et reçoit bientôt les eaux de l'étang d'Aigue-Fines qui descendent du pic de la Fontanette et du pic de Barre, 2145^m; il reçoit aussi les eaux de l'étang d'Arbu sur la pente sud du pic des Trois Seigneurs, 2199^m et du pic de Peyroutet, 2114^m.

Un peu plus loin sur la gauche, le Suc reçoit un faible ruisseau sans importance, suivi bientôt sur la même rive de Nouzadous qui descend par de nombreuses branches des environs du col de la Couillade, du versant sud du pic de Pioulou, 2165^m du pic de Bassibié et du pic de Boucarle.

Au pied de la montagne qui est terminée par le roc de Querquéou, 1885ᵐ se trouvent de petits ravins qui arrosent Orus, Illier, Pujol de Loup.

Continuant à descendre, on trouve bientôt le confluent du Siguer, la rivière d'Auzat. Le Siguer prend ses sources entre le port de Siguer, 2594ᵐ et le pic de Thoumas dans l'Étang Blanc; il reçoit presque immédiatement un petit bras qui vient du pic de la Vieille du Cercle, 2712ᵐ; ce ruisseau qu'il reçoit sur la gauche, arrive en face du pic de l'étang; le confluent est à 2078ᵐ.

Dans sa course, le Siguer rencontre bientôt l'étang de Peyre Grand, un peu au dessous de cet étang, il trouve un des déversoirs des étangs de Redounelles des brebis et des vaches; l'autre déversoir arrive dans l'étang de Peyre Grand; il traverse ensuite l'Étang des Gourds de Brouquenat d'en haut; il venait de recevoir avant d'y entrer le filet d'eau que donne l'Étang des Estagnels; plus loin après avoir arrosé une gorge étroite et profonde, il rencontre son affluent principal sur sa rive gauche, la Guionère.

Bientôt sur la rive droite entre Canarilles et Tix, le Siguer reçoit un ruisseau qui descend du cap de la Serre des Affumats, 2095ᵐ; puis sur la rive gauche, le tribut du Gestiés; il arrose ensuite Siguer et tombe à Laramade dans le Vicdessos.

Etudions les limites de ces différents bassins et d'abord, prenons le Siguer depuis sa source jusqu'au confluent de la Guionère.

La rive gauche est formée par la grande arête qui

sépare le bassin proprement dit de l'Aston de celui du Vicdessos.

Suivons cette ligne dans toute sa longueur; elle s'étend depuis la frontière jusqu'aux montagnes qui meurent à Capoulet, en face Lapège.

La séparation des bassins commence au pic de Bagnels 2616^m, entre l'étang Blanc et l'étang de Soulanet pour se terminer sur les bords du Vicdessos dans les bois de Naillan; elle a été donnée en détails à la fin de la description du bassin de l'Aston.

Du pas de las Aignes se sépare un petit contrefort qui limite à l'ouest le petit bassin du ruisseau de Camarilles, ruisseau que nous avons vu sortir en grande partie du cap de la Serre des Affumats.

La Guionère prend ses sources aux étangs de l'Albèle, 2504^m, entre le port nouveau, 2599^m et le pic de Tristagne, 2879^m.

Le bassin est séparé de celui de Signer, par le contrefort du pic de Vieille du Cercle, 2612^m, du pic de Neych, 2422^m.

Il est séparé de celui de Souleen par la crête qui partant du pic de Tristagne; 2879^m passe par le pic de l'Aspre, le pic de Peyrot, le pic d'Endron.

C'est au pied est de cette montagne qu'à lieu le confluent.

Reprenons maintenant le cours du Vicdessos. Il reçoit bientôt sur la rive droite le ruisseau de Miglos qui prend ses sources : 1° dans le haut vallon du Norgeat, sur les contreforts du Pla de Mont Camp; 2° à la Lesse de Bialac.

Les bois de Naillan, le col de Laine, le Pla de de Mont-Camp, la Laisse de Bialac, les bois de Baychon, limitent ce petit bassin.

Plus bas, sur la gauche, au-dessous d'Alliat, arrive un ruisseau qui arrose la vallée de Génat; ce ruisseau, bordé par les bois de Calamas, au midi, ceux de Taillade et de Débés au nord, prend sa source dans le voisinage du roc de Querquéou.

Le Viedessos entre ensuite dans une gorge resserrée et déverse ses eaux dans l'Ariége au-dessus de Tarascon.

Dans le bassin de Tarascon, et sur la rive gauche, viennent se déverser deux affluents; l'un à droite de la montagne de Bédeillac, la Courbière ou rivière de Rabat, l'autre, à gauche, le Saurat.

La Courbière.

La Courbière commence par de nombreuses sources au cap de la Dosse, 1953ᵐ; au col de la Pourtanel, 1807ᵐ; au pic des Trois-Seigneurs, 2199ᵐ; au midi, elle sort de nombreux étangs de faible grandeur, étang Long, étang Blanc, étang de Las Rives, étang du Ticou; tous placés sur la pente nord du pic de Peyroutet, 2159ᵐ.

La Courbière reçoit ensuite sur la droite, le ruisseau des bois du Courtal Vieil, qui prend sa source au pic de Pioulou, 2165ᵐ puis la rivière de Gourbit dont la principale source est à l'étang d'Artax, sur le penchant nord du pic de Boucarle, 2020ᵐ; le Gourbit rejoint la Courbière en amont de Rabat.

A part le ruisseau qui arrose les bois de la Fonadis et qui vient en partie du cap de la Dosse, en partie du cap de las Costes, 1739ᵐ, et cela, dans le voisinage des sources principales, nous n'avons pas à signaler de ruisseaux sérieux sur la rive gauche.

Le bassin de la Courbière se trouve donc limité par les montagnes voisines de Quié, situées près du col de Très-Courtals, le bois de Débés, le roc de Querquéou, le pic de Boucarle, le pic de Bassibié, le pic de Pioulou, le pic de Peyroutet, le pic des Trois Seigneurs. Cette limite sud sépare le grand bassin général du Vicdessos de celui de la Courbière.

Du pic des Trois Seigneurs, nous passons au col du Pas de la Pourtanelle, 1807ᵐ; au pic de la Journalade, 1949ᵐ; ces montagnes séparent le bassin du grand bassin du Salat.

Du pic de la Journalade, nous passons par le Cap de la Dosse, le col de Pèze, le cap de Las Costes, 1739ᵐ, le col de Las Crémades, le roc de Trabinet, 1652ᵐ, le col de Carlong, le col de Banalouse, le cap de la Brougue, 915ᵐ; le rocher de Calamés, 1000ᵐ; le roc de Bédeillac, 1067ᵐ.

La partie du bassin comprise entre le pic de la Journalade et le roc de Bédeillac sert de limite nord au bassin de la Courbière et de limite sud au bassin du Saurat.

Le Saurat.

Le Saurat prend sa source à la limite ouest du bassin de l'Ariége; 1° au col de Port, 1249ᵐ; 2° par quelques ravins qui descendent du pic d'Estibat,

1669ᵐ; 3° au pic de la Journalade. Ces sommets forment la limite ouest du bassin.

Quant à la limite nord, elle est formée par la chaîne généralement connue sous le nom de Prat d'Albi; elle passe par le pic de l'Homme-Mort, 1674ᵐ; la Pélade, 1707ᵐ; le Pricou de Berne, 1716ᵐ; le bout du Touron, 1498ᵐ; le roc d'Amplaing, 1336ᵐ; et se termine aux bords de l'Ariège un peu après le col de Lengre, 714ᵐ. Cette limite nord du bassin est en même temps la limite sud du bassin de l'Arget dont nous allons faire ensuite l'étude.

Des petits ravins sans importance se détachent des montagnes et se déversent sur le parcours du Saurat dans le lit principal.

La rivière coule en ligne droite et contourne à son extrémité, sur le côté nord et est, la montagne de Bédeillac que longe, sur le versant sud, la Courbière. Le confluent des deux rivières avec l'Ariège est à une très-faible distance l'un de l'autre.

Le Montoulieu.

Le ruisseau de Montoulieu prend ses sources entre le roc d'Amplaing et le bout du Touron.

La Coumobelle.

D'un plus faible parcours, la Coumobelle, qui arrose Prayols, est sans importance.

Il nous faut arriver jusqu'à la sortie de Foix pour trouver un cours d'eau limitant un vrai bassin.

L'Arget.

Nous avons fait commencer tout à l'heure la limite nord du bassin du Saurat au pic de l'Homme-Mort; si, prenant alors à gauche, nous passons par le col de la Crouzette, le pic de Razels, 1603^m, le signal de Fontfrède, 1622^m, nous limitons notre bassin pour la région sud; mais comme nous devons séparer les bassins du Montoulieu et de la Coumobelle, quand nous sommes au bout du Touron, nous tirons une ligne droite allant sur Foix; l'est et le sud sont délimités.

Revenant à Fontfrède et marchant droit au nord, nous rencontrons bientôt le cap de Sarrat d'Agréou, au-dessous de Bourrel, nous passons ensuite au midi de Saury, au midi de Guidamole, à la station de Monredon, 767^m, par les sommets près de Roquefort, par le col del Bouich à Saint-Martin. La fermeture du bassin est alors faite par la ligne de rochers qui va du Lion de Caralp à Saint-Sauveur. Le bassin se termine dans Foix à l'extrémité ouest de la ville.

L'Arget a ses principales sources dans les montagnes de la forêt du Bosc; elles sont situées sur le versant nord du pic de Fontfrède et du pic de Razels; quelques-unes descendent aussi du cap de la Très Termès, au nord des précédentes.

L'Arget, qui arrose le Bosc, Burret, Serres, Saint-Pierre, la vallée de Forges, se jette dans l'Ariége au pied de la colline de Saint-Sauveur, après le défilé formé par la montagne et le roc de Foix.

Sur son parcours, il reçoit au midi un grand nombre de petits ruisseaux qui descendent du Prat d'Albi ; ruisseaux de Bénac, de Brassac, de Ganac, de Becq, qui donnent lieu à des fentes transversales dans la grande arête qui va de Fontfrèdre à Montgauzy.

Sur la rive nord, les ruisseaux ont encore moins d'importance ; la Balousière, à l'est d'Alzein, et qui rejoint l'Arget à Serres, le ruisseau d'Ourdinac, qui descend au midi de Roquefort, ceux de Saint-Martin de Caralp et de Cos.

Le Nicoulaud.

Au nord de Foix, entre Veranjoul et Loubières, coule, dans une dépression boisée, le Nicoulaud ; il prend sa source au-dessus de Garrapel, 595ᵐ ; arrive à Lagrange, passe sous la montagne entre Lagrange et Labouche et tombe dans l'Ariége en face Labarre.

Le Loubière.

Ruisseau sans importance, vient du col del Fach, 439ᵐ, et tombe en face de Saint-Jean de Verges.

Le Loubens.

Sort des environs du Portel et de Loubens et marche en ligne droite jusqu'aux environs de Crampagnac, puis, tournant vers le nord, vient tomber dans l'Ariége auprès de Pujol.

Le Rieux.

Formé des ruisseaux d'Artix et de Soleilla, l'Artix a sa source au-dessous du cap del Puech, 697ᵐ, passe à Limouzy, sous Artix et rejoint le Souleilla à Rieux.

Le Souleilla sort des environs de Porteny au nord de Loubens, passe à Souleilla, arrive à Rieux, et, grossi de l'Artix, arrive à l'Ariége près de Ferriès.

L'Ariége reçoit ensuite des filets d'eau sans importance.

La Loube.

La Loube, en amont de Pamiers,

Le Subranel.

en aval de la même ville, le ruisseau de Subranel,

L'Estrique.

et ensuite à Bézac, l'Estrique.

L'Estrique prend ses sources dans les montagnes d'Artix, de Sainte-Foy, de Saint-Bauzeil, au midi de Rouzaud et de Saint-Victor, au cap de la Serre, 521ᵐ, aux environs de Caillau et de Graves et dans les monticules qui sont entre Artix et Saint-Bauzeil.

De nombreux ravins descendent de la crête qui forme la limite du bassin proprement dit de l'Ariége ainsi que des côteaux qui séparent ce bassin de celui de la Lèze. C'est ainsi qu'une grande partie des eaux des territoires de Madière, Saint-Michel, Lescousse, Saint-Amans, vont vers l'Estrique ; les eaux de l'autre penchant vont à la Lèze directement ou à son affluent, la Latou.

Le Bouac.

Signalons pour mémoire le ravin de Bonac.

Les Camissous.

Les deux Camisson, dont l'un arrive en face d'Embazonne et l'autre en face de la Bartholo.

Parallèlement à eux dans une grande partie de leur course, marche la Lazonne dont les sources sont à Canto-Coucut et à la tuillerie de Pauliac; elle rejoint l'Ariége à Saverdun.

Au nord de Saverdun arrive un ruisseau un peu plus considérable, la Laure.

La Laure.

La Laure a ses sources au nord de Saint-Amans et de Lescousse, entre Fajolles et Marge et Cabirols, 370^m, elle reçoit quelques filets d'eau de Saint-Martin d'Oydes, d'Esplas, de Justigniac sur la gauche, arrose Bric, reçoit sur la droite les eaux d'Unzent, forme un demi-cercle à l'ouest et au nord de Saverdun et tombe dans l'Ariége, 229^m, entre Madrep et les Courninals.

Il faut ensuite arriver en aval de Cintegabelle pour trouver l'embouchure d'un ruisseau de quelque importance.

Nous rencontrons encore le Calers qui vient de la station 355^m, au nord de Villeneuve de Durfort; il il arrose le territoire de Gaillac-Toulza; un peu avant son embouchure, il reçoit les eaux du territoire de Merliac, Conté, Labatut, Lissac, Saint-Quire par la Laure, Conté et la Jade.

Le Mouilhoume.

Viennent ensuite des collines qui séparent Saint-Ybars de Gaillac Toulza; elles donnent, à partir de Caujac une rivière de plaine, parallèle à l'Ariége, le cours d'eau connu sous le nom de Mouilhoume.

La Mouilhoume prend sa source à Péchichiou, 335^m, et à Massin, 326^m, dans les collines qui séparent le bassin de l'Ariége de celui de la Lèze, et, marchant ensuite sur Caujac et arrosant les terrains bas de Grazac, de Mauressac, de Fudoniel, de la Grâce-de-Dieu, elle rejoint l'Ariége un peu au-dessus de Grépiac.

Par de petits ravins, les collines qui séparent le bassin de l'Ariége de celui de la Lauze laissent, en temps de pluie, écouler leurs eaux dans la Mouilhoume.

Le Miramont.

Un peu au-dessus du confluent de la Mouilhoume et de l'Ariége se présente celui de l'Ariége et du Miramont au niveau de Grépiac.

La Lèze.

Nous arrivons ainsi à la réunion de la Lèze et de l'Ariége.

La Lèze prend ses sources dans le territoire d'Aigues-Juntes, 1° au nord du château de Pigné, par un bras qui arrive à Aigues-Juntes et passe au Pas del Roc; 2° par un autre bras qui vient du Pla del Bosc, bras qui reçoit toutes les eaux au nord d'Aron et qui s'unit au premier avant l'entrée du Pas del Roc; il reçoit les eaux de Mérigou, Baragne, Montégut au niveau de la Hillete, 318ᵐ. Ce ruisseau est grossi par les ravins du versant sud des montagnes de Cazaux et de Montégut.

De la Hillete, la Lèze prend la direction de Monesple; elle reçoit un peu au-dessus de Pailhès les eaux du Monesple, sur sa droite et sur la même rive, elle reçoit aussi un grand nombre de petits ravins qui se séparent de la ligne de faîte des bassins de l'Ariège et de la Lèze.

Le seul affluent important sur cette rive est la Latou qui prend ses sources auprès de Saint-Michel; et passe ensuite à Saint-Martin d'Oydes et marche en ligne droite sur Saint-Ybars; il ne reçoit que de très-faibles affluents.

Sur la gauche l'affluent le plus important vient à la fois de Sieuras et du Carla-le-Comte et rencontre la Lèze entre Campagne et Daumazan.

Nous allons suivre les limites de la Lèze depuis son embouchure, rive gauche et nous remonterons par la rive droite; la rive gauche forme la séparation des deux bassins de l'Ariège et de la Lèze.

Nous passons par Cansacala, Terrefort, Sacy à 164ᵐ, le nord de Lagardelle par 169ᵐ et 176ᵐ, château Redon, 213ᵐ, Stibillon 298ᵐ; Barreau, Saintes 304ᵐ, Lavalette, le nord des deux Curnats, Escaire, Mandone, la Groussette, Gazeou, le midi de Bouffil, Pendon, Pépic à 352ᵐ; la bordette d'André, la station 359ᵐ, près du moulin Desplas, Frizette à 356ᵐ, la colline au nord de Saint-Martin d'Oydes, Lescousse, 387ᵐ; le Mandre, 380ᵐ; Saint-Michel, les hauteurs de Boujolis, Costazy 434ᵐ; Bascou, Berdot, 479ᵐ; Pré de Bé, Cubières, Cap de la Serre, 521ᵐ; Lespinasse, Cap del Pech, 637ᵐ; Roziés, 470ᵐ; Mérigon, 422ᵐ; le sommet du Portel, Pez Thomas.

Nous entrons alors dans la limite sud.

Du château de Pigné, nous marchons sur Serre de Cor, Lastites, Larche, la hauteur 580ᵐ sur Aron, Mongaret, 598ᵐ; la station 584ᵐ, au dessus de Pujol, Commavère, à 465ᵐ; Lasternes, à 462ᵐ; les Bousigniers, sur le penchant de la montagne du Pas del Roc, l'église de Menay ; puis montant maintenant vers le nord, le roc Blanc, la Garrabère, la Selve, Castéras, Trois Monts, Caria le Comte, le Pigailh, Malessières, château de Sieuras, Canens, château de Pis, Rose, Bélair, la Grange, la Mondasse, Mandement, Tarrostet, les Trémoulets, les environs de Castéra, l'est de Villate et de Pins.

Citons pour terminer le petit ruisseau de Pins.

B. Affluents de la rive droite de l'Ariége.

Bac de More: la Baladra.

Ces deux ravins parallèles descendent des hautes cimes granitiques sur le prolongement est de la chaine dont fait partie le pic de la Font-Nègre; leurs sources sont dans des régions d'une altitude voisine de 2675ᵐ. L'Ariége reçoit le Bac de More presque en face de l'embouchure de l'affluent Andorran, le Cémens et la Baladra, un peu au-dessous.

Les Bésines.

Le ruisseau des Bésines reçoit de nombreux filets d'eau qui descendent d'un bassin très-élevé, limité par le pic d'Auriol, 2693ᵐ; le port des Bessines, au midi duquel est l'étang Soula-Couloumé, le pic Coumo d'Agnèle, 2642ᵐ; le pic de Madide, 2661ᵐ, le pic de Lanoux, le pic de Bésinelles, 2593ᵐ, le pic Pédrous, 2831ᵐ, la porteille de Coume d'Or et enfin le pic Tos Bessatel, 2479ᵐ.

Ce bassin fort étroit n'est formé que par d'affreux ravins qui descendent des montagnes, il vient mourir dans l'Ariége au lieu connu sous le nom de Pont de Saillens.

Le Crémal.

L'Ariége reçoit bientôt après, le ravin du Crémal; le Crémal descend du pic d'Estagnas, 2616ᵐ, au nord du port des Bésignes.

Le Cargathi.

Au Crémal succède le Cargathi qui descend du même pic d'Estagnas et longe le côté sud du pic d'Esteille.

Le Nabre.

Un peu plus considérable que les précédents, le Nabre est borné au sud par le pic d'Esteille, le pic de l'Estagnas, 2616ᵐ, où se trouve un petit étang ; le pic de l'étang Faugy, 2709ᵐ; le pic de Nabre, à l'est;

au nord le pic d'Esquinadose, 2687ᵐ ; le pic de la Comète, le col d'Aiguelongue, le pic de Perdrix, le pic des Canals, le cap de Largens.

Ce ruisseau tombe dans l'Ariége à Mérens, 1861ᵐ, entre Ax et le confluent de l'Oriége et de l'Ariége : des filets d'eau descendent à la fonte des neiges par des ravins : 1° du cap de Camp ; 2° des environs du col de Joux ; 3° de Front-Frède.

L'Oriége.

L'Oriége forme un grand bassin dont la limite nord part des montagnes d'Ax et va au Roc Blanc, 2543ᵐ, par les cimes qui précèdent le col de l'Osque, le pied de Berceil ou de Brasseil 2220ᵐ ; le pic de Costa Rachel, 2021ᵐ ; le signal de Cazalenth, 2036ᵐ ; le pic de las Liouses, 2165ᵐ ; le pic de Balbonne, 2332ᵐ ; le signal de Baxouillade, 2249ᵐ ; le pic de la Camisette et le Roc Blanc.

La limite est, passe par le pic de Camp Ras, 2554ᵐ ; la porteille d'Orlu, 2277ᵐ ; le pic de Terres, 2549ᵐ ; le pic de Moustier, 2608ᵐ ; le pic de Mortes, le pic de Camporeils.

La limite sud passe par le col de Lagrave, le pic de Lagrave, le col de Lanoux, le pic de Lanoux.

A l'ouest, le pic de l'étang Fauzy, 2709ᵐ ; le pic de Nabre, le pic d'Esquimadasse, 2587ᵐ ; le pic de la Comète, le col d'Aiguelongue, le pic de l'Homme, le pic des Perdrix, le pic des Canals, le cap de Largens, le cap del Camp, le col de Joux, le Lata, 1800ᵐ ; puis une crête rocheuse qui passe auprès du pont de la Galine et se termine par de petits monticules granitiques à l'ouest d'Ax.

L'Oriége prend sa source à l'étang Fauzy et reçoit bientôt les eaux de l'étang de Lagrave ; à travers une vallée des plus étroites, elle traverse un vaste étang et reçoit sur la droite les eaux du mont de la Pique Rouge, celles du pic de Terres, les eaux de l'étang de Baxouillade et quelques ravines sans importance sur cette même rive qu'elle longe jusqu'à son embouchure.

La limite est et nord du bassin se trouve être ainsi en même temps la limite même du bassin particulier de la rivière.

Il n'en est pas de même sur la rive gauche, où l'Oriége reçoit quelques affluents d'une certaine importance, nous trouvons en premier lieu le torrent qui descend du pic de Pinet, 2422^m et qui arrive à l'Oriége entre le pic de Bouchon et le pic de Bédeilla, à gauche.

Signalons ensuite le torrent de Gnoles. Prenant naissance entre le Pic de Nabre, le pic de l'étang Fauzy et le pic de Reys, 2688^m ; son bassin est bordé à l'est par le pic de Reys, le pic d'Oulxis, 2409, le pic de Pinet, 2422^m ; la Roque Rouge, 2458^m et le pic de Bédeilla, 2189^m.

Cette limite sépare le bassin de celui de l'Oriége proprement dit.

La ceinture de gauche est formée par le pic de l'étang Fauzy, suivi du pic de Nabre, du pic d'Esquinasse, du pic d'Aniel, 2639^m, du pic de la Comète, du col d'Aiguelongue, du pic de l'Homme et du pic de Verceil, dont les contre-forts descendent jusqu'à l'Oriége.

Ce torrent des Gnoles traverse de grands lacs, entre le pic de l'Espinasse et le col de Reys ; au midi du pic d'Aniel, nous avons les étangs Peyrusse ; puis il traverse après un affreux défilé, le grand étang de Naguille ; à son entrée dans le bassin, il reçoit le déversoir de l'étang Tort qui traverse plus bas l'étang d'Eroun ; l'étang Tort est situé entre le col d'Aiguelongue et le pic de l'Homme. Le torrent des Gnoles se déverse en cascades, en face de la forge d'Orlu.

Plus loin, à Orlu, l'Oriége reçoit le ruisseau des prairies d'Orgeix.

Ce torrent est limité à l'est par la crête de Verseil au pic de l'Homme, il sort d'un petit lac au-dessous de la jasse Parade ; sa limite ouest est formée par le pic des Perdrix, le pic des Canals, le cap Largens, le cap del Camp et le signal du Lata.

L'Ascou et la Lauze

La limite sud de ce bassin est celle que nous avons donnée comme limite nord au bassin de l'Oriége depuis Ax jusqu'au pic de Las Lianses.

La limite est qui va séparer ce bassin du grand bassin de l'Aude passe par le roc de Bragnès, le signal de Gabantsa, le Sarrat des Escales, le pic de Tarbesou, 2366^m le roc de la Maoure, le pic de Mousségou, le port de Paillères 1972^m ; le pic de Fontargent.

Au nord, elle est formée par la grande crête de Paillères, le col de Lanudari, le col del Pradel, le pic de Sérembare, le pic Dolent, le col des Canons, le col de Rieufrède, les bois de la Soulane et leur prolongement à l'est de Sorgeat jusqu'à l'entrée de la ville d'Ax.

La crête aigue de Berceil qui n'a point donné de cours d'eau sérieux à l'Oriège ne donne aussi que des filets d'eau sans importance sur la rive droite de la Lauze.

Nous aurons à voir sur la droite le ruisseau du col de Paillères, celui du col del Pradel et le riou Caou qui descend du pic Dolent.

L'Ascou prend sa source dans l'angle formé par le signal de Cazalinth, le pic de las Liauses et le roc Bragués. La limite est du bassin est celle du grand bassin depuis le pic de las Liauses jusqu'au Tarbesou; tournant alors vers l'ouest, on suit la crête nommée Cria de la Baouzeilles, suivie du bois du lac de Caburlet : Cette crête sépare le bassin de la Lauze du bassin du torrent du col de Paillères.

Le torrent du col de Paillères qui prend sa source près du col descend dans un ravin dont les arrières plans sont formés par le Tarbesou, le col de la Maoure, le pic de Mounégon le col et la crête de Paillères; un faible contre-fort qui suit le col de Landary, d'une part; de l'autre, le contre-fort qui se détache au midi du pic de Sérembarre, limitent le petit bassin du col del Pradel qui rejoint la Lauze auprès de Pujal.

De l'est du pic Dolent, comme à l'ouest, au col de Rieufrède, et au col des Canons, en même temps que de l'ouest du pic de Sérembarre, descendent des ruisseaux qui se réunissent en un seul auprès de Montaut, le riou Caou, qui arrive à la Lauze, auprès de la forge d'Ascou.

La Fouis.

Du bois de la Soulane, au midi du roc de l'Orry d'Ignaux descend le ruisseau de la Fouis qui arrose Sorgeat et se jette dans l'Ariége au dessous d'Ax.

L'Eychenac.

Du midi du bois du Drazet et un peu au nord du roc d'Ignaux, sort par plusieurs sources le ruisseau d'Eychenac qui arrive à l'Ariége un peu en amont de Savignac. Il est bientôt suivi d'un petit ravin qui sort des sommets au dessus de Gardeilhou et tombe dans l'Ariége en aval de Savignac.

Le Caussou.

Quand on a dépassé la grande crête qui se termine auprès du pont d'Unac, on trouve sur la droite une profonde vallée dont l'origine est au col de Marmare; le Caussou qui l'arrose, passe par les villages de Caussou, de Bestiac et d'Unac; au niveau de Caussou et sur la rive droite, un ruisseau descend des bois de la Teste et de Fabre.

L'Arnet.

Plus loin sous Urs, en face de la Remise, arrive le ruisseau de l'Arnet qui porte à l'Ariége toutes les eaux du versant sud du Saint-Barthélemy.

L'Arnet sort d'un grand nombre de sources au pic de Soularac, 2313^m. Ces différents ruisseaux se réunissent avant d'arriver à Axiat.

Le Saint-Conac.

A Albiès, au pied de la colline qui porte la chapelle de Saint-Pierre, arrive le ruisseau de Saint-Conac: ce ruisseau, dans les bois de las Estaillades, se divise en deux branches; l'une sort du pic de Han, 2074^m; l'autre, celle de droite, vient du pic de Galinat 2 52^m et traverse l'étang d'Appy, 1734^m.

Le Verdun.

Dans le voisinage de Verdun, arrive un torrent qui se jette en face d'Aulos, le Verdun; ce torrent prend sa source au roc de Querlong 1475^m. Une branche de gauche qui prend naissance au pas de Vernaux traverse le petit étang de Sourdeign.

Le Lujat.

Plus loin, par une déchirure dans la crête rocheuses qui borde l'Ariége entre Verdun et Ornolac, arrive le tribut du Lujat dont la source est dans les bois à 1277^m.

Le Prat. L'Embrodes.

Nommons le petit ruisseau d'Embrodes qui forme le ravin d'Ornolac, il prend naissance un peu au-dessous du col d'Ussat; il est longé dans une partie de son parcours par le Prat qui rejoint l'Ariége un peu plus en amont.

D'Ornolac, nous filons sur Tarascon dont nous laissons tout le bassin sur la gauche et entrant de nouveau dans une vallée assez étroite, nous trouvons au niveau de Bonpas, le confluent de l'Arnave et de l'Ariége.

Le bassin de l'Arnave est limité au sud par la crête qui domine Tarascon et Bonpas et qui passe par le col de Basech, le Signal 1049 ", le col de Martel, le col d'Ussat, pour se terminer dans le voisinage de l'aiguille de Soulombrié.

La limite est formée par les sommets des bois de las Bernières, par le pic de Hau; elle passe auprès de l'Orry del col d'Aigotorta et rejoint le mont Fourcat, 2001ᵐ.

Du mont Fourcat, la limite nord passe au pic de la Lauzatte, 1655ᵐ, et de ce point rejoint le lieu nommé le Fonds d'Arnave.

L'Arnave prend ses sources sur le versant ouest du pic de Hau et traverse bientôt les bois de las Bernières; il arrose les Prats d'Arnave, Cazenave, 872ᵐ; Arnave, Miedevieille, Bonpas et rejoint l'Ariége en face le village d'Arignac.

Il reçoit sur la rive gauche les eaux qui descendent du versant sud du mont Fourcat, l'Emboudasson, qui traverse les bois du Sarrat-Long et rejoint l'Arnave à Cazenave; il reçoit aussi celles qui viennent du même versant du pic de la Lauzatte, 1655ᵐ; enfin le ruisseau d'Allens qui traverse le bois du Débés et qui le rejoint sous Allens à la forge de la Mouline.

Le Sirbet.

A Mercus arrive le ruisseau du Sirbet dont les sources sont un peu à l'est de Croquier, il coule au midi de Jarnat et de Mercus.

Le Mans.

Plus loin arrive entre Mercus et Garrabet, un ruisseau insignifiant qui descend de l'ouest du col de Rouy; ce ruisseau porte le nom de Mans.

Le Scios.

Entre Tramesaygues et Peyssales, près de Foix, se trouve l'embouchure du Scios, ruisseau important par la belle vallée qu'il traverse et par ses affluents.

Le Scios prend ses sources sur le penchant de Roquefixade et du col de Nalzen; il arrose Celles, Saint-Paul, Saint-Paulet, Montgaillard.

Le bassin est limité par la partie rocheuse du Pech de Foix depuis Chichille dans la plaine, jusqu'à Fougax et Trimons sur la montagne; la ceinture continue ensuite par le cap de Touroun, 956^m, le pic de l'Aspre, 973^m, Charillon, les crêtes qui dominent Leychert, Roquefixade; elle arrive ainsi au Grézal, à Coulzonne, Gaillardet, et Nalzen, 636^m.

Passant ensuite par Février, Bérot, Broulat, 750^m, le Picou de Fraichenet, 972^m; Stal de Pic, 1039; Cabanax, nous arrivons aux contre-forts nord du mont Fourcat et au pic de Lauzatte; nous laissons sur la droite le bassin du Douctouyre, un des affluents du Lhers.

La limite du bassin est terminée par une ligne presque droite qui va du pic de la Lauzatte à Espinart, la montagne d'Antras et les sommets au dessus de Saint-Antoine; le bassin est ouvert de l'hôtel des rives de Saint-Antoine à Peyssales.

Les affluents du Scios sont, à droite en partant de l'embouchure :

1° Un petit ruisseau qui va des environs de Saint-Genès à Tramesaygues.

2° Le ruisseau qui va de Cussol aux environs du moulin de Montgaillard.

3° Le ruisseau d'Enrivière, qui partant du midi de cette localité et de Caraybat, passe près de la Plaine, Gascogne, entre Cathala et Terreneuve, et rejoint le Scios dans les territoires de Saint-Paulet et de Saint-Paul de Jarrat.

4° Des filets d'eau sans importance sur le territoire de Soula, Leychert et Roquefixade.

Sur la rive gauche, en partant aussi de l'embouchure, nous trouvons :

1° Le Marcassès, qui naît au fond du vallon d'Antras et meurt à Saint-Paul de Jarrat.

2° Le Labat qui, parallèle au premier, mais d'un cours plus considérable, descend directement par les bois de Mercus et de Saint-Paul du pic de la Lauzatte; il passe à Jean d'Emballe, auprès de Tourdy, à Labat, Langlade et rejoint le Scios en amont de de Saint-Paul de Jarrat.

3° Le ruisseau qui passe près de Candu.

4° Le Sourd qui prend ses sources au mont Fourcat et au pic de la Lauzatte, passe dans une étroite vallée entre Trajine et Laurens, arrive à Sourd et rejoint le Scios dans le village de Celles.

A partir de ce niveau, le Scios ne reçoit plus que des affluents sans valeur.

L'Alses.

Au sortir du hameau de Labarre, l'Ariége reçoit le ruisseau de l'Alses. Ce bassin est limité d'abord par les crêtes gréseuses qui partent du pas de Labarre, et se continuent par les hauteurs qui dominent Capitany, par Arabaux, Baron, puis par les calcaires de Montlaur, du château de la Verrière, le château de Loxte, 708ᵐ, Bourlet, le col de Jean Lamie; ensuite marchant sur le sud, la limite passe par la Calmette, le cap de Touroun et la grande crête qui de ce point va se terminer aux rochers de Berdoulet.

L'Alses a pour limites nord la ceinture donnée jusqu'au col de Jean l'Amie; coulant dans une vallée étroite, elle arrose une partie du territoire de Lherm; elle reçoit à Lherm sur la gauche, le ruisseau de Baragne et de la Calmette; au confluent de la vallée de Pradières, elle reçoit le tribut de cette vallée, le Pradières qui passe à Minjou, Augé et Pradières et tombe dans l'Alses en amont du Barbier.

L'Arabaux.

Par un petit vallon au versant nord de la montatagne gréseuse déjà désignée, arrive à la briqueterie du pas de Labarre un ruisseau dont la source est à Arabaux.

Citons pour mémoire le Garigou qui vient des bois des Sanarèdes et le petit ruisseau du Bayle.

Le Jacquarias.

Il descend des environs de Bédel, passe auprès du Crabié dans la commune de Villeneuve du Bosc, au château de Marseillas et rejoint l'Ariége à Jacquarias. Il est limité au midi par la crête rocheuse de Saint-Jean de Verges, au nord par une série de collines parallèles à cette crête; son vallon est profond et encaissé.

Le Gudas.

Il rejoint l'Ariége à Varilhes et court dans un étroit vallon. Séparé au midi du bassin précédent par le massif qui porte la croix de Dalou à 615^m, ce bassin continue par les bois de Sanarèdes, Siret, Mouny, Archelles, Guinot, la station 617^m; Maffé, la station 707^m; la station de Cascaille à 581^m; Dalou et Varilhes.

Le Gudas prend sa source auprès d'Archelles, passe à Téoulié, Dieulafron, Gudas, Pény, Ruquet, Dalou, tourne au nord près de Loubenquat et d'Arnaud, passe sous le chemin de fer près de la station de Varilhes et se jette dans l'Ariége en face de Marseillas, 326^m; il reçoit à Ruquet un petit affluent qui prend naissance à Sirat.

Le Crieux.

Ruisseau d'un long parcours prend sa source à Mandré, au dessous du pas del Teil, non loin du col de Jean l'Amie et tombe dans l'Ariége à deux kilomètres environ au dessus de Saverdun.

En partant de Mandre, le bassin est limité sur la droite par Mérial, l'Arbre 732^m, Enserres, Saint-Cristaud, 439^m; l'arbre de Saint-Martin, 641^m; la station, 615^m, les points cotés 491^m, 562^m, 453^m, Larning, La Fajolle, Guilhamot, le Signal 443^m, Coussa, Poutous 324^m, les Allemands, Villeneuve du Bosc Villeneuve du Paréage, 278^m; Espezals, Rozat, Peyroutel, Larlenque, 239^m; puis tournant brusquement à l'ouest, le Crieux se jette dans l'Ariége.

La limite de gauche comprend depuis Mandre, la station 647^m, Maffé, Bessoul, le col de Jannot, la station 707^m, la station de Cascaille à 581^m; le point 487^m; Comelagton, Malmarty, Laborie, Courbas, Sabarthés, Sourives, Joucla, la légère colline qui s'étend de Joucla au Mas Saint-Antonin, le terrain qui domine Pamiers et sur lequel se trouve la gare, la Cavalerie et à partir de ce point, le bord même de l'Ariége jusqu'à l'embouchure.

Un peu au nord de Borde Blanque, entre la Castelane et Péraret, naît un petit affluent du Crieux sur la droite, le Galage; ce petit ruisseau marche parallèlement au Crieux et le rejoint auprès de Villeneuve du Bosc, à Tourene.

Le Galage.

Le Galage, autre rivière du même nom, prend ses sources entre Ferrières du milieu et Ferrières d'en haut, au midi de Villeneuve de Parréage et de Garret; il file par Fouram, Rozat, Bernoux, parallèlement au cours du Crieux dont il est trés-voisin, puis continuant en ligne droite, il passe à Bétareillo, Lassentiat, la Parre, Carrétiés, Artenai, 220^m; et alors tournant à gauche, il tombe dans l'Ariége.

Le l'Hers.

Le bassin du l'Hers s'ouvre entre le col de Chioula et le col de Rieufrède, dans les bois du Drazet, au midi de Prades.

La limite est du bassin passe par le col de Rieufrède, le col des Canons, le col de Balaguès et rejoint ainsi le pic de Penédis, 1813^m.

A partir de ce point la limite du bassin du l'Hers est déjà donnée dans notre limite générale du bassin de l'Ariége. Le l'Hers, en effet, par ses affluents, forme sur la rive gauche la frontière naturelle du bassin de l'Ariége depuis le pic de Pénédis jusqu'à l'Arbre 327^m au nord de Gibel, près de Fajac.

De cet arbre, se reportant sur Gibel, Jordiné, Bordeneuve, on gagne la crête de Calmont, on passe ensuite par Prémalgonil, Larché, 318^m; la Fortuno, 259^m; Sagnet, Tuto, le Port en face le couvent de Boulbenne, où à 197^m, a lieu le confluent du l'Hers et de l'Ariége.

Sur la rive droite, le bassin est limité depuis les bois du Drazet, par les cols de Chioula d'abord, et de Marmare ensuite, le col de la Fajou, 1528^m; le pic Géralde, 1777^m; le signal de Causson, 1930^m; les stations, 1483^m, et 1878^m, au midi de la jasse et de la fontaine de Font-Albe; le pic de Soularac, 2343^m; le pic de Saint-Barthélemy, 2349^m; le col de Girabal,

2117ᵐ ; le pic de Galinat, 2252ᵐ ; le col de Cadènes ; le pic de Hau, 2074ᵐ ; la station, 1927ᵐ ; l'Orry del col d'Aigotorto, le mont Fourcat, 2004ᵐ.

De ce point, filant au nord vers le Picou de Fraichenet, on marche sur Cabanax, Stal del Pic, 1039ᵐ ; le Picou de Fraichenet 972ᵐ ; Broulat, 750ᵐ ; Bérot, Février, Malzein, 635ᵐ ; Gaillardet, Coulzonne, le Grézat, 888ᵐ ; passant ensuite par 864ᵐ, on arrive au Signal des Monges, 931ᵐ ; on descend au hameau des Monges, au col de Jean de l'Amie. De là, joignons l'Arbre, 732ᵐ, déjà signalé dans le bassin du Crieux, Enserres, Saint-Cristaud, 439ᵐ ; l'arbre de Saint-Martin, 641ᵐ ; la station, 615ᵐ ; les points 491ᵐ, 562ᵐ, 453ᵐ ; Larming, la Fajolle, le Signal 413ᵐ, à l'est de Coussa, Poutous, 324ᵐ, les Allemands, Villeneuve du Bosc, Ferriés d'en Haut, Garret, Péric, Capet, Pédas, Galinié, Prouille, Lestelle, 246ᵐ ; Redon et bientôt après la station, 235ᵐ.

Plus bas, vers Bertrauet, les bords de l'Ariége, comme ceux de l'Hers, marquent 220ᵐ ; le bassin est commun à l'un et à l'autre et nous rejoignons par la gauche l'embouchure, au couvent de Boulbonne, à 204 mètres.

Cours de l'Hers.

Le l'Hers prend ses sources dans les bois du Drazet, dont la cime est à 1587ᵐ ; il coule dans la haute vallée de Prades jusqu'à Comus, recevant presque à sa naissance le petit ruisseau de Font-Frède dont les eaux font marcher le moulin de Rieufred, passe sous Prades, à 1223ᵐ, puis reçoit avant d'atteindre Comus, le ruisseau du col del Teil, sur la même rive droite; ses produits de gauche, n'ont d'importance qu'en temps d'orage.

A partir de Comus, l'Hers entre dans une des plus étroites vallées des Pyrénées; cette vallée, large à peine de quelques mètres, est connue sous le nom des gorges de la Frau; elle ne commence à s'ouvrir qu'au delà de Barineuf.

L'Hers arrose Barineuf et Fongax, reçoit un peu avant Bélesta le tribut de la fontaine intermittente de Fontesbordes : à Bélesta, la rivière tourne à l'est, et marche en ligne droite jusqu'à l'Aiguillon; à l'Aiguillon elle tourne au nord subitement et franchit dans un étroit défilé la crête montagneuse du Plantaurel; elle en ressort à Fontcirgue, passe à Labastide-sur-l'Hers, puis longeant la limite nord du Plantaurel, tourne presque à angle droit, passe au Peyrat, à Sainte-Colombe sur l'Hers, reçoit en face du bois de Parréjas le ruisseau de Rivel, le Riveillou et tournant de nouveau au nord, le l'Hers marche dans la direction imprimée à la vallée par le petit bassin du Riveillou; il arrive à Chalabre, où il se grossit du Blau qui lui apporte souvent à la suite des orages un puissant tribut.

L'Hers marche ensuite sur Sonac, en s'infléchissant vers l'ouest; il passe à Camplimoux, la Chique, Camon, reçoit le Touyre, un peu au-dessus de Lagarde, passe près de Roumengoux, puis tournant franchement à l'ouest, il entre dans le voisinage de Château Bedon, dans la plaine et arrive alors au nord de Mirepoix.

Le l'Hers arrose ensuite le territoire de Besset, de Coutens, de Rieucros ; il reçoit la Douctouire, arrive à Saint-Amadou, il passe près de Seignerie; reprenant sa course vers le nord, on le retrouve dans le voisinage de Labastide de Lordat, de Trémoulet, de Gaudiès; il reçoit ensuite le Vixiège dans le voisinage de Belpech ; il court vers Molandier, Mazères, Calmont, Château de Terraqueuse et finit devant les ruines du couvent de Boulbonne, 197ᵐ près de Cintegabelle.

L'immense plaine formée par les bassins réunis de l'Ariége et du l'Hers, limitée par Cintegabelle, Saverdun, Gaudiès, Molandier, Mazères, Calmont, est une des plus productives et des plus larges des vallées des Pyrénées.

Affluents du l'Hers

1° Rive droite :

Le Font-Frède ;

Le Rieu-Fret ;

Le ruisseau du Col de Teil, grossi du petit ravin de Montaillou.

Ces ruisseaux ont été décrits dans l'étude du cours de l'Hers.

Le ruisseau de Larameie ; ce ruisseau précédé et suivi de quelques petits ravins coule dans une gorge étroite et boisée qui commence près de Larameie et se termine à Freyche.

Le Malard de l'Espine, formé à sa naissance de deux branches qui se réunissent à la scierie de Malard. Ces deux branches prennent naissance, l'une dans le vallon de Tore, l'autre dans le vallon de Lalibert.

Citons en passant :

Le ravin de Pagen qui vient de 1037^m.

Celui de Mijanés, qui descend de 1113^m; tous deux arrivent près des scieries de Fougax.

Le ruisseau intermittent de Fontesbordes.

Le Fourcat qui vient des environs de la fontaine de Labatut, 1110^m, traverse le hameau de Rieufourcaud, reçoit un petit bras sur la droite à Richarole et se termine à la Forge, en amont de Bélesta.

Le ruisseau de Laborie qui prend naissance au col del Teil, au haut du val d'Amour et reçoit sur la gauche toutes les eaux qui descendent des pentes abruptes des hauts sommets de la forêt de Bélesta; il passe à Laborie, à l'Hermitage de Bélesta et tombe dans le l'Hers à la Garennette, en aval de Bélesta.

Continuant notre marche, et pénétrant dans l'intérieur du bombement, nous rencontrons :

Le Lafage. Ce ruisseau prend sa source dans les environs de Cazalet et au midi d'Angoly; il arrose Aiguillanes et tombe dans le l'Hers auprès de Lesparrou.

Le l'Hers reçoit à Sainte-Colombe, le Rivals, qui arrose Rivals, 427^m et Campesaurine.

Plus loin, en face du bois de Parrégas, arrive le Réveillou.

Cet affluent prend ses sources au voisinage du col, 645^m, dans les Bordes et Marsals; il arrose Mathalis, la Calinette, Rivel et tombe dans le l'Hers auprès du moulin de l'Evêque.

Un autre bras du Réveillou prend naissance dans le grand bombement du Plantaurel, au col de Villac Aiguillanes et passe par Engranisse, Grassets, Jordy; courant au fond des bois de Villac, il rejoint le cours principal un peu au dessus de Mathalis.

Du moulin de l'Evêque jusqu'à Chalabre, de minces filets d'eau sans importance, sont les seuls affluents : à Chalabre se présente le contingent du Blau.

Le bassin du Blau est limité sur la rive droite par les collines sur lesquelles se trouvent les cotes 579^m, 600^m, Catuffe, Mouche, Campeille, 662^m; le col 645^m; la grande arête calcaire qui limite la forêt de Puivert, le bord nord de la forêt de Picaussel, la forêt de Callong, la forêt de l'Agre, les environs du village de Coudons, les stations 1156^m et 1017^m; Nébias, le Mounge, la station 665^m; les Touguets, la station 746^m; la Sale, 669^m; Esturgat, les stations 540^m et 514^m et enfin Chalabre.

Le Blau prend naissance à la limite nord de la forêt de Picaussel, passe à Lescale, 530^m, à Cambarberouge, à Puivert, puis sous Villefort, et rejoint l'Hers dans Chalabre.

Cette rivière a quelques affluents sur sa rive droite; citons d'abord le Camferrier, qui arrose la belle plaine de Puivert; ce ruisseau, lors des grands orages prend un développement considérable et transforme le Blau en un véritable torrent : cette rivière passe au hameau de Camferrier et se termine à Puivert.

Le Camferrier dans son parcours reçoit : 1° le ruisseau de las Mouilhères qui descend des environs de Montmija et coule entre les forêts de Tury et de Mirailles, en arrosant ensuite Nébias. 2° le ruisseau de la Grésières qui prend naissance entre la forêt de Callong et la forêt de Tury, coule entre la forêt du Trabanet et celle de Tury et arrose Camsilvestre.

Le Blau reçoit encore le petit ruisseau de Lapeyrouse, le Gauzières et quelques filets d'eau aux environs de Villefort.

Le Chalabreil prend ses sources principales aux environs de Peyroutou, il reçoit à Vinson, un tribut du monticule de l'église de Font-Rouge ou de Saint-Michel, le ruisseau de Cazalens. Plus bas, il reçoit le petit cours d'eau de la Jonquières; il arrose ensuite le petit village de Montjardin et reçoit quelques filets d'eau, tels par exemple, que le ruisseau de Limoux et tombe dans le l'Hers à Chalabre.

Le l'Hers reçoit avant Sonac quelques ruisseaux sans importance; au delà de Sonac, le Rifours, grossi de la Moumèze; la Moumèze descend de la Flotte.

Entre Camon et Lagarde, quelques faibles ravins.

En face Lagarde, et un peu en aval, arrive le Largaril, qui prend ses sources au midi de Laillet et près de la croix 612^m; il passe dans le voisinage de la Bouiche et vers le niveau 325^m, il rejoint l'Hers.

Vient ensuite le ruisseau de Tréziers.

En face de Sibros, arrive un produit plus important que ceux qui précédent, l'Ambrole.

Le bassin de l'Ambrole est limité à gauche, par le Moulin neuf, Cazal des Faures, 480^m; Borret, 538^m; la croix de Balaguier, 612^m; Lanto, Clergue, 565^m; Bartheclare, le Bousquet, les Bardoux, 564^m, la Flotte, Pradette Roque, 622^m; l'Arbre, 700^m passe entre Bourdiquié et Siguié, puis les environs de Pique Lordy près de l'église de Font-Rouge.

A partir de ce point la limite du petit bassin se confond avec la limite du grand bassin de l'Ariége jusqu'à la station 394^m, au midi d'Escueillens; tournant alors à gauche, elle prend par Desplagnes, Delpoux; au niveau du monticule 451^m, la limite redescend perpendiculairement sur Cazals des Bayles; le confluent a lieu à 313^m.

Cette rivière qui sort des montagnes de Font-Rouge arrose dans son parcours les territoires de Saint-Benoit, Courtauly, Peyrefite du Razès, Gueytes et Labastide, Caudeval, passe entre les deux Cazals pour finir au nord de Roumengoux.

Elle n'a pour affluents que de faibles filets d'eau qui ne méritent pas une étude spéciale.

Nommons ensuite le petit ravin de Cazals des Bayles.

Un peu avant Mirepoix nous trouvons le ruisseau

de Malegonde; il prend ses sources dans les environs de Tambourayrès, 353^m, passe à Malegonde, à Niort, 315^m et se réunit près de Rives, 298^m, au l'Hers; sur sa rive droite, il reçoit les eaux des vallons où se trouvent situés le Randié, Sainte-Foix, l'Espinoux.

Presque au même point arrive un ravin qui passe à l'est et au nord du château de Terride.

Au dessous de Mirepoix arrive le ruisseau de Saint-Aubin dont les sources sont un peu au nord de Magalas, près de la cime 411^m et aux environs du signal de Trelin, 474^m.

Plus bas, parallèlement à ce ruisseau descend la Mazerette qui passe par Clergue, Bragot; elle laisse à droite Peyrié et Peyrot; à gauche le château de Mazerette, rencontre Rougé, 294^m, et tombe dans le l'Hers.

D'un cours un peu plus considérable, le Portes qui tombe dans l'Hers auprès du Moulin de Moudousse est formé de deux ruisseaux qui se réunissent au niveau de Rigail et d'Empeyrotte; le bras de droite vient des hauteurs du bois de la Bélène, celui de gauche vient de Chicou, 427^m, descend par Picotalen, les Bessous. Au dessous d'Empeyrote et de Rigail, le Portes passe à Borde-neuve, 313^m; à Portes, au Cazals, 306^m et arrive au moulin de Moudonne.

Le Gorges, parallèle aux précédents, prend sa source auprès de Cazeville entre Borgé, 364^m et Roujaud 384^m; il descend en ligne droite sur Teilhet où il rencontre le l'Hers à 271^m. Il ne passe en aucun point digne d'être mentionné.

Nommons le petit ruisseau de Vals.

Le l'Hers décrivant un angle droit, en dessous de Vals, les petits ruisseaux qu'il reçoit dans cette partie de son cours sont perpendiculaires aux ruisseaux déjà nommés.

Ces ruisseaux n'ont aucune importance; ce sont :
le Bayle;
le Fontarou qui passe entre Tournet et la Pujolle;
le Saint-Félix;
le ruisseau de la Penne ou le Ferrié;
celui du Bac et de Pinet.

Quelques kilomètres plus haut arrive le Vixiége.

Cet important affluent forme un vaste bassin; sa limite sud passe entre Carilen, Paulliac, le nord de Corte, le nord de Lapètre à 322^m; elle continue par Mengaud, Rougaud, 384^m; le nord de Labouly, Jeanpech, Fiole, Pantou, la Grange de Sivade, 378^m; la limite passe ensuite par le Gascon, 396^m; le Bousquet, 418^m; la station, 411^m; Poto, 432^m; le Signal de Porto, 475^m, la Cabane, 396^m; l'Arlot, Saint-Gauderic, Calmet, la Calvière, 431^m; Tourrot, le nord de Desplagnes et le signal 452^m, à l'ouest des Escueillens.

En ce point la limite du bassin du Vixiége sert de limite au bassin de l'Ariège. Cette limite étant déjà donnée nous nous contentons de dire que nous ne nous en séparons qu'à Saint-Sernin pour nous reporter au midi sur Sicard, 353^m; le moulin de Belpech, 354^m; Pédas, le Villa, Bourbonne, 358^m et le nord de Belpech.

Le Vixiége prend ses sources à Tourrot, Vailles et au mont Louis dans le voisinage des points 437^m 462^m et 372^m; laissant Honnoux sur la droite, il passe au près de Raffegue, entre le village et l'église d'Orsans, aux Marquiés, longe sur le côté gauche la forêt de Piquemoure, puis il reçoit sur la droite le ruisseau de la Boissonnade vers le niveau 292^m; à partir de ce confluent, abandonnant la ligne sud nord, il tourne brusquement vers l'ouest et conserve cette direction : le bassin d'abord très-étroit, s'élargit : la rivière passe alors sous Ribouisse, à 281^m, sous Lafage, à 265^m, sous Pécharic et le Py, sous Plaigne, à 255^m, près du château de la Commandery à 254^m; puis remontant au nord pour quelques kilomètres, il arrose Belpech et tombe dans l'Hers.

Le Vixiége, longé d'assez près sur sa droite par les collines de Fenouillet, de Fanjeaux, de Lacassaigne, Laurac, Fonters du Razes, Saint-Amans, Meyreville, Saint-Sernin, ne reçoit sur cette rive que des affluents de peu d'importance.

D'Honnoux à Orsans, nous n'avons que de simples ruisseaux dans de petits ravins; beaucoup plus bas, au point d'incurvation de la vallée, à 292^m, le Vixiége reçoit le ruisseau de la Bouissonnade qui lui porte les eaux du midi et de l'ouest des environs de Fanjeaux; beaucoup plus bas encore, à la station 281^m, au dessous du château de las Courtines, il reçoit le ravin de Fonters du Razès, bientôt suivi du ravin qui descend des environs du château de Saint-Sauveur, 363^m.

Près des Monges, 254^m, arrive le tribut des hauteurs de Pech Luna. En face le château de Blazens, à 254^m arrive le ruisseau qui vient du château de Fajeac-la-Selve; près de Camens, le Vixiége reçoit un ravin qui descend de l'est de Saint-Sernin; tous ces affluents coulent dans des vallons parallèles et tombent perpendiculairement dans le Vixiège.

Le ruisseau qui vient de Labastide Colomat et qui rejoint le Vixiège en aval de Belpech est encore dans la même situation.

Sur la rive gauche, le Vixiège reçoit d'abord le ruisseau du pont Arnaud qui prend naissance au nord-est de la station de la Calvière, 431^m et file par la Fajole, Saint-Julien de Briola, sur les Tougnets, 281^m.

Ce même ruisseau, du pont Arnaud, au niveau de l'Oustal Naouge, à 296^m, reçoit le ruisseau qui vient des sommets de Plavilla.

Citons encore le ravin de Cazalis et de la Fage et ceux de Villauton et de Plaigne.

2° Rive Gauche.

Nommons d'abord le ravin de Prades qui ne possède de l'eau qu'à la suite des orages.

Le bac de l'Ourza qui reçoit les eaux du versant est du signal de Caussou, 1731^m et, qui court entre les bois du bac de l'Ourza et la forêt du Basoul.

Vient ensuite le Basqui dont les sources sont à Font Albe et au nord du pic de Soularac, à l'étang Tort; ses eaux s'écoulent entre la forêt du Basoul et la forêt d'Embeyre.

Du Sarrat del Liam descendent le ravin de Rivels et de Pélail et le ravin de la Couillade et de Fauche.

A Barineuf, il reçoit toutes les eaux du versant nord du Saint-Barthélemy ; la rivière du Lasset descend par plusieurs branches.

La première branche vient de l'étang du Diable qui déverse ses eaux dans l'étang des Truites.

Les secondes partent de Prat Maou, les dernières du col de la Peyre; tous ces ravins se rejoignent près de Reboule, passent à l'est de Montségur, sous Serre-Longue, et rejoignent l'Hers à Barineuf.

A l'est de Serre-Longue, le Lasset reçoit les eaux du vallon qui porte sur ses flancs Mouréous et Morency.

Entre Barineuf et Fougax, arrive le ruisseau du col de Balassous.

A l'Aiguillon, le l'Hers reçoit les ruisseaux de la vallée de Bénaix, de Mandran, de Rousseau et Pagés; un peu avant l'embouchure, le ruisseau de Duranat se joint aux précédents.

Au dessus de Camon arrive le produit des hauteurs de Montbel.

Nous rencontrons ensuite le bassin de la Touyre.

Cet important affluent descend du pic de Galinat et du col de Girabal, entre le pic de Galinat et le pic de Saint-Barthélemy; il marche droit vers le nord jusqu'auprès de Courral, recevant sur la gauche quelques ruisseaux des contre-forts qui partent du pic de Hau pour constituer ensuite le mont Fourcat; la vallée prend à partir de Courral un aspect moins sauvage et la Touyre court ayant à sa droite les montagnes de Montminier et sur la gauche des hauteurs bordées de nombreux hameaux; au niveau de Montferrier, la vallée offre à droite une déchirure par laquelle arrivent les eaux du Montségur, grossies du torrent des bois de Manzonne qui rejoint le Mont Ségur à Cériés.

Plus bas, entre Montferrier et Villeneuve d'Olmes, sur la rive droite, arrive un ruisseau qui prend naissance derrière la montagne qui domine Maron.

Des bois au dessus de Malibot, descendent plusieurs petits ruisseaux qui rejoignent, avant la plaine haute de Malbastit.

A Lavelanet, arrive le ruisseau du versant nord de la montagne qui porte Mouréous. Ce ruisseau. prend sa source au dessus de Barden.

Dans l'intérieur du bombement de Dreuille arrivent à droite et à gauche quelques filets d'eau.

Plus bas, au dessous de Léran, vient rejoindre le petit ruisseau de Font-Rieux.

L'embouchure de la Touyre a lieu en amont du village de Lagarde.

La ceinture du bassin du côté de l'est sépare le cours du l'Hers de celui de la Touyre; celle de gauche sépare la Touyre du bassin de Donctouyre, autre affluent du l'Hers.

La limite est commence au Saint-Barthélemy, continue par les cimes 1921^m, 1737^m, 1691^m, 1818^m; le col de Montségur, Péchiquette, le rocher 988^m au dessus de Mouréous, la crète de Mouréous à Morenci; la station 953^m, puis elle prend en ligne droite par Bénaix, Mousec, le petit col de Saint-Jean d'Aiguesvives ; elle franchit alors la crête du Plantaurel, par la station 787ᵐ ; à partir de ce point, elle marche dans l'intérieur du bombement par le Bac, remonte par la station 749ᵐ, suivie de la station 514ᵐ, la forêt de Léran et le voisinage de Bentfarine.

La rive gauche du bassin est bordée par l'arête qui part du pic de Hau 1933ᵐ, la station 1927ᵐ, le mont Fourcat, 2004ᵐ, la station 1337 au-dessus de Cadeillou, Fremis, col del Four, les environs de Fourmagères, Jacquette, Saint-Etienne de Pampouly, la montagne de Pereille et de Raissac, le pourtour du fond de la boutonnière du Plantaurcel par le cap de la Monje, 833ᵐ ; les hauteurs de Rigarrat ; puis traversant le bois du Mouillet, le village d'Esclagne, Regat, Gaillard, 402ᵐ, le bassin se termine au château de Sibra, 321ᵐ au-dessous de Lagarde.

Le Doutouyre dont la partie supérieure est connue sous le nom de ruisseau d'Armentières, prend ses sources dans les bois de Ferradou et de Monpicou en avant des promontoires nord du mont Fourcat ; il court par Armentières vers Nalzen ; au niveau de Nalzen, il reçoit le ruisseau de Fraichenet, tourne à droite, puis au niveau de Mondini, il reprend sa course vers le nord par le défilé de Pereille ; il passe près de Roquefort et d'Illat, au Carla de Roquefort, à Lieurac, à Dun, Engraviés, Vira et tombe dans l'Hers, en face de Vals, à 270ᵐ.

A part le petit bassin du ruisseau de Coutens, la limite est du bassin du Douctouyre est la limite ouest du bassin de la Touyre ; la limite ouest passe par le Picou de Fraichenet, Nalzen, le défilé de Péreille, le col de Jean de l'amie ; il se termine par les hauteurs qui séparent Ventenac de Merviel, Arvignac, les Issars.

Sur la rive gauche, signalons comme affluents le ruisseau du piton de Fraichenet; le petit ravin de Roquefort et le très-faible cours d'eau d'Engraviès.

Sur la droite, le ruisseau de Sautel et de Lieurac et enfin un affluent plus considérable, celui qui porte dans le voisinage du château de Rocles, les eaux d'Aiguesvives et de Senesse de Sénabugue.

De Belpech à Molandier, les collines bordent presque le cours de l'Hers ; nous ne rencontrons aucun cours d'eau.

A Molandier, arrivent par des vallons formant éventail, toutes les eaux de l'est et du midi de la Livinière et de Fajac.

Le versant méridional des collines de Calmont et de Cintegabelle ne donne pas lieu à des cours d'eau ; il n'y a que quelques petits ravins sans importance, il en est de même pour les hauteurs qui dominent Auterive.

Auprès de Grépiac et un peu en amont arrive un petit ruisseau qui a pris naissance dans les environs de Dieudé, 276^m, ruisseau à peu près parallèle à l'Ariége et qui passe à l'est et au nord d'Auterive ; vient ensuite la Bize qui se termine à Gaillard Tournié.

A Venerque, arrive la Bize, grossie du Télédou ; elle prend naissance au sud-est de Gibel.

Sortant du col 349^m, entre Gibel et Fajac, la Bize arrive par plusieurs branches qui se réunissent au midi de Montgeard, passe ensuite sous Saint-Léon, sous Noueilles, arrose Espeyrouges, 175ᵐ et se termine à Vénerque.

Auprès de Roqueville, la Bize reçoit le Télédou, dont les sources parallèles sont aux environs d'Aigues, 301ᵐ, au nord de Cintegabelle ; les différents bras se réunissent à Mauvezin Saves ; le Télédou passe ensuite au midi d'Auragnes et au nord de Labruyère.

Les limites nord et est du bassin sont celles du bassin de l'Ariége dans ces contrées. Elles sont communes au grand bassin de l'Ariége et au bassin du l'Hers qui passe au nord de Toulouse, la limite sud est formée par une arête de collines qui longent l'Ariége.

De Vénerque à Pinsaguel, la ligne de collines n'est coupée que par de petits ravins.

Presque à l'embouchure de l'Ariége, arrive le ruisseau qui prend naissance à Montrun, 255ᵐ ; ce ruisseau arrose les territoires d'Aureville, de Lacroix Falgarde et rejoint l'Ariége au midi du château de Lacroix.

C. Inondations. — Epoques des crues.

L'Ariége a un cours rapide et tortueux dans la plus grande partie de son bassin. Il en est de même pour ses principaux affluents.

Le danger des inondations ne peut donc exister que pour la partie du bassin qui forme la plaine quaternaire.

Nous devons même diviser en deux parts cette portion du bassin : le bassin de Pamiers a Cintegabelle, le bassin de Cintegabelle à l'embouchure. Le premier est relativement profond et offre peu de dangers ; le second est moins encaissé, aussi les richesses agricoles sont-elles plus sérieusement menacées lors des débordements.

La région de l'embouchure, par suite de l'union de la Garonne et de l'Ariége et du niveau peu élevé des bords des deux rivières offre une cause spéciale de dangers, dangers trop souvent réalisés par suite de la coïncidence simultanée de grandes eaux dans l'Ariége et dans la Garonne.

Le commencement de l'été, chaleur et fonte des neiges ; le commencement de l'automne, premières neiges et pluies abondantes, sont les époques périlleuses qui peuvent se résumer, en mai et juin d'une part, septembre et octobre, d'autre part.

Des trombes locales, accompagnées de barrages accidentels, peuvent changer passagèrement le régime d'une vallée, sans produire pour cela un désastre général dans le bassin.

D. Pente de l'Ariége.

La pente moyenne de l'Ariége est pour 160 kilomètres de parcours, de 12^m70 par kilomètre. (1)

Dans son étude géologique et minéralogique du département de l'Ariége, M. Mussy a relevé avec beaucoup de soin les échelles de pentes. Nous n'avons donc pas à insister sur ce sujet.

(1) Bulletin de la société d'histoire naturelle de Toulouse. Carte géologique, hydrologique du Tarn et Garonne. (M. Rey Lescure, Année 1873-1874 — page 295.)

CHAPITRE III

OROGRAPHIE DU BASSIN DE L'ARIÉGE

Orographie du bassin de l'Ariége

Au point de vue orographique, le bassin de l'Ariége se divise immédiatement en deux parties bien distinctes; le terrain des montagnes et le terrain de la plaine.

Les cartes du dépôt de la guerre présentent d'une manière parfaite cette différence d'altitudes par la décroissance des teintes.

Les montagnes sont formées des Pyrénées proprement dites de la haute chaîne, de leurs puissants contreforts qui descendent souvent fort en avant dans le pays, et des collines qui vont en s'abaissant à mesure que la rivière approche de son embouchure dans le fleuve.

Les plaines sont formées par les larges évasements des vallées dans leurs parties basses.

La vallée d'érosion de l'Ariége est en particulier un type véritablement classique.

Une grande arête sinueuse, portant un grand nombre d'angles sortants ou rentrants, surmontée de pics aigus dont l'énumération a déjà été faite, percée d'une infinité de petits passages généralement très-élevés, les cols ou les ports qui donnent accès en Espagne ou dans la République d'Andorre, passages toujours difficiles, impraticables une partie de l'année par suite de l'amoncellement des neiges, tel est en un mot l'aspect de la grande barrière qui sépare le bassin de l'Ariége de ceux de la Sègre, de la Balira et de la Noguera Palaresa.

Très-sinueuse et très-ardue dans la partie montagneuse, l'arête qui sépare les bassins de l'Aude et de l'Ariége s'abaisse fortement à partir de Nébias.

Du côté de l'ouest, la séparation du bassin de l'Ariége et du Salat se fait dans une chaîne à fortes altitudes.

L'Ariége n'appartient aux vraies montagnes que par sa source; tout le reste du parcours s'opère dans les chaînes secondaires.

L'étude orographique des montagnes du bassin de l'Ariége présente un fait remarquable qui consiste dans le parallélisme des chaînes secondaires à la chaîne principale.

Cette disposition de montagnes amène comme conséquence immédiate que la plupart des affluents viennent tomber presque à angle droit dans la rivière principale.

Remarquons immédiatement qu'à partir du pont de la Galène, au-dessus d'Ax, une bizarrerie de la géographie descriptive a fait donner le nom d'Ariége à un axe latéral, tandis que le vrai fleuve à qui a été imposé le nom d'Oriége, vient des montagnes de Lanoux, d'où descend aussi la Têt sur le versant du Roussillon, en même temps qu'une infinité d'autres cours d'eau.

La première parallèle part des terrains ophitiques qui dominent Camurac et se termine au signal de Fontfrède 1622^m; elle présente sur son parcours le signal de Caussou, 1931^m; le massif de Saint-Barthélemy, le mont Fourcat, le pic de Lauzatte, les hauteurs de Croquier, de Mercus, puis franchissant la brisure de l'Ariége, elle continue par le roc d'Empiaing, le bout de Touron, le cap de la Coume de Pignon, le pic de Razels, pour se terminer par le signal de Fontfrède. Elle est sous la dépendance de deux cimes principales, le Saint-Barthélemy et le pic de la Coume de Pignon.

Cette longue ligne droite longe l'Ariége à distance depuis le signal de Caussou jusqu'au dessus de Mercus de l'autre côté de la brisure, elle forme la bordure nord de la rivière de Saurat.

A l'exception de l'extrémité orientale, la parallèle bordée au nord et au midi de terrains variables est entièrement granitique.

La seconde parallèle part à l'est de la forêt de Mirailles, 1017^m, entre Coudons et Nébias et suit toutes les cimes boisées des forêts de Sury, du Trabanet, de Puyvert, de Carbonne, de Bélesta. Au niveau de cette ville, elle gagne Bénaix, les hauteurs de Villeneuve d'Olmes, le col de Nalzen, les cimes de Roquefixade, de Leichert, le pic de l'Aspre, le cap de Touron, le pech de Foix, Saint-Sauveur, les hauteurs de Baulou, de Cadarcet, d'Unjat et se termine pour le bassin, vers les hauteurs de Suzan.

Cette parallèle comprend un grand nombre de terrains secondaires et en particulier toute la série Jurassique de la contrée.

Elle est suivie de près par une troisième parallèle, d'abord caractérisée par un bombement fortement elliptique, qui commençant entre Nébias et Puyvert, ne se termine dans le grand axe qu'à Illat.

Le bombement terminé, une puissante arête calcaire offrant une admirable ligne de démarcation, commence au moulin d'Illat, sur la rive gauche du Douctouyre et, presque en ligne droite, passant au dessus d'Arabaux, arrive dans le village de Saint-Jean de Verges : là elle franchit l'Ariége. Ce mur ne montre de faibles brisures qu'au Portel, au pas del Roc. Au delà de Gabre, il va bientôt participer à un nouveau bombement dont le Mas d'Azil sera le point le plus important.

Enfin, derrière cette ligne apparaît une dernière parallèle; parallèle qui se distingue par ses sommets arrondis, ses pentes couvertes de végétation; elle court dans le bassin, depuis l'église de Font-Rouge, 684ᵐ; à l'est, elle couvre le pays de Montjardin et de Chalabre, et par Belloc, Ventenac, Gudas, Dalou, le pech de Varilhes, Montégut, Monesple, Pailhés, elle rejoint vers Requiés, l'extrémité ouest du bassin.

Entièrement formée d'une seule et même nature de roche, elle est constituée par le poudingue de Palassou.

Et ensuite viennent les coteaux tertiaires de la plaine; coteaux laissant entre eux dans le territoire de Varilhes et de Pamiers, de Saverdun, de Mazères, un immense espace mis admirablement à profit par l'agriculture. Le bassin de la basse Ariége est un des plus riches du midi; des terrasses, d'âge variable, forment la majeure partie de la plaine; ce bassin se continue par les plaines de Cintegabelle, d'Auterive, du Vernet; bientôt après, par le confluent de la Lèze, la plaine s'étend de Clermont à Muret comme base : l'Ariége qui va se terminer à Portet a confondu son bassin avec celui de la Garonne dont elle est tributaire.

GÉOLOGIE
DU BASSIN DE L'ARIÉGE

CHAPITRE IV.

Géologie pittoresque ou Topographie géologique du Bassin de l'Ariége.

Géologie pittoresque ou Topographie géologique du bassin de l'Ariége.

La géologie pittoresque ou la topographie géologique est une partie presque neuve de la science qui a été trop négligée jusqu'à ce jour.

Elle a le précieux avantage de rendre d'un abord plus facile pour tous, les premières notions de l'étude du globe, et par conséquent elle doit contribuer pour sa part à augmenter le nombre des adeptes d'une science dont nous possédons déjà un grand nombre de matériaux.

La géologie pittoresque nous montre les grands traits géologiques d'une contrée; elle donne une première idée des surfaces par l'appréciation des différences de plans, par la distinction des montagnes et des vallées, par l'appréciation des altitudes, du voisinage des océans et des cours d'eau; elle va même plus loin; elle donne dans la masse, l'indication sommaire d'un certain nombre des étages reconnus jusqu'à ce jour par les géologues; elle peut, à une inspection rapide, donner des indications générales sur les applications agricoles et industrielles dont le pays peut être l'objet et comme le dit très-judicieusement le comte de Gasparin (1) « il y a des groupes « entiers de terres dont les caractères naturels répondent à un caractère agricole. »

---

(1) Cours d'agriculture par le comte de Gasparin, t.1. p. 266

Peut-être même dans l'étude de la géologie topographique, dans l'étude de la géologie pittoresque, trouverions-nous la clef d'un grand nombre de problèmes de l'histoire.

Ce sont les océans, ce sont les montagnes, ce sont les cols, ce sont les grands fleuves, qui ont servi dans tous les siècles, de guide ou d'arrêt aux grands capitaines.

Le colonel Don Angel Rodriguez de Quijano y Arroquia, a traité cette question de main de maître. (1)

Le colonel Don José Almirante partage la même opinion (2) « Les formes ou la configuration exté-
« rieure du terrain dépendent de sa nature ou com-
« position et des causes qui les ont produites : on doit
« comprendre que ces deux études ne peuvent rester
« plus longtemps séparées. La relation intime qui
« existe généralement entre la structure géologique
« et la forme extérieure des montagnes peut servir
« de guide au militaire aussi bien qu'au géologue. »

Créée par l'illustre Werner, appréciée par Cuvier, mise en œuvre, il y a plusieurs années d'abord par Dolomieu puis par MM. de Caumont, Dufrénoy et Leymerie et dans ces derniers temps, par MM. Contejean dans ses Eléments de Géologie et de Paléontologie Alexandre Vezian dans son prodome ; De Rouville dans son introduction à la description géologique du

---

(1) La guerre et la géologie par le colonel de génie Don Angel de Rodriguez de Quijano y Arroquia. 1. v. Dumaine 1876.

(2) Guide de l'officier en campagne 1868 par le colonel Don José Almirante.

8

département de l'Hérault, cette branche nouvelle de la géologie présente des aperçus d'un intérêt majeur. Nous allons nous efforcer d'en faire comprendre la valeur dans l'étude au point de vue topographique et pittoresque du bassin de l'Ariège.

1° Région de la Haute Chaîne

La région de la haute chaîne qui s'étend du roc Blanc au cap de Larbont passe par les territoires d'Ax, de Savignac, d'Aston, de Miglos, de Lapège et rejoint au pic des Trois Seigneurs la limite du bassin.

Formés presque uniquement de roches granitiques, granite, gneiss, schistes anciens, ces pâturages des hauts sommets sont fort abondants en sources d'eau vive; chaque ruisseau après un léger parcours arrive à de petits cirques, où dans des contre-bas, séjournent les eaux qui y forment des étangs. Ces étangs servent de magasin pour les eaux et les déversent lentement dans le pays après les fontes des neiges ou les trop grands orages. Avantage précieux, non pas tant pour les contrées arides, immédiatement traversées, que pour les plaines, ainsi rendues fertiles, de la partie inférieure du bassin.

Dans presque toutes ces hautes vallées avant d'arriver au petit lac où séjournent les eaux, les ruisseaux coulent dans un léger sur-sol formé de mousses et d'herbages et donnent lieu à des dépôts tourbeux généralement peu profonds et presque sans utilité, malgré leur étendue relative.

L'altitude des lieux ne permettrait guère l'exploitation que durant une faible partie de l'année; l'absence de centres d'habitation, le mauvais état des chemins, contribuent encore à la perte de ce combustible.

La rivière d'Orlu, l'Ariége, l'Aston, le Siguer, le Vicdessos, le Suc, toutes les rivières en un mot, qui descendent de la haute chaîne présentent ce caractère.

Les étangs sont fort nombreux dans cette région de Pyrénées, ils étaient bien plus nombreux encore dans les temps passés, car chaque jour amenant la désagrégation des roches, de nouveaux éléments contribuent à la transformation en tourbières ou en prairies à herbe courte des étangs de ces régions.

Dans la partie restreinte de la haute chaîne qui fait l'objet de ce travail, je compte plus de trente étangs plus ou moins considérables où séjournent les eaux de nos torrents.

Ces amas d'eau sont généralement placés au sein des roches imperméables du terrain granitique, aussi dois-je signaler ici une exception remarquable fournie par une série d'étangs le long de la grande chaîne.

Nous aurons bientôt à nous livrer à l'étude d'une formation très digne d'intérêt, un banc calcaire, au sein des roches cristallines; or, ce banc calcaire, banc parfaitement perméable, se trouve précisément le lieu où se rencontrent un grand nombre de nos étangs. (Étang Blanc en partie, étang de l'Estagnol, étang de Comme d'Ose, étang des Comtes, étang de Verceil, étang de Naguille en partie, étang des sources du Galbé, etc).

Ce phénomène anormal tient tout simplement à ce que ces étangs qui sont généralement de profonds gouffres, bordés d'affreux précipices, ont un surfond imperméable qui empêche les eaux de filtrer à travers les bancs calcaires.

Quant au site, par suite de son altitude, il ne présente sur les pentes élevées que des prairies à herbes basses, à plantes aromatiques; ces prairies suffisent à peine à la nourriture des troupeaux des villages de la contrée; les pâtres sont obligés de conduire une partie des bestiaux sur les versants plus fertiles des Pyrénées-Orientales ou de l'Andorre.

Les cimes généralement arrondies, ou du moins fortement mamelonées lorsqu'elles sont formées par des masses granitiques, prennent un aspect dentelé lorsqu'elles sont formées par des schistes anciens; les hautes cimes des environs de Fontargente présentent ce caractère au plus haut degré lorsqu'on les observe des sommets du Saint-Barthélemy.

Des roches nues, brisées de mille manières, souvent encore revêtues de puissantes tiges de rhododendrons, tel est l'aspect des plus hauts sommets que recouvrent çà et là quelques bancs de neiges éternelles.

Des flancs nus et abrupts, formés par des masses de granite dont le front est garni durant huit ou dix mois de l'année de puissants amas de neiges, se détachent de gros blocs qui forment de vastes chaos dans les parties basses.

La formation de ces chaos qui bordent presque tous les massifs granitiques de quelque importance tient à l'action de l'eau sur les couches les plus superficielles de la roche ; l'eau pénètre à l'état liquide dans les fissures soit naturelles, soit accidentelles du granit; s'y congèle, soit durant les nuits, soit durant les longs mois d'hiver : ces séries de dilatations et de contractions successives, sont la cause constante de ces éboulements qui chaque année amènent des événements désastreux dans nos hautes vallées; ce phénomène est aussi activé par les actions physiques et chimiques de l'air sur les surfaces, actions qui se traduisent par une désagrégation de la roche, qui de solide et massive, passe à l'état de sable ou de poussière.

En bien des points, une végétation de plantes alpestres, pins, sapins, bouleaux, aulnes, hêtres, pourrait se développer; elle serait une source de richesses pour le pays essentiellement pauvre, mais par suite de l'imprévoyance des populations; par suite aussi des malheurs des temps, non-seulement la plantation, l'entretien des cultures alpestres, mais encore le gazonnement des pentes, éprouvent les plus grandes difficultés dans ces contrées.

Pas de centres de population, de malheureuses cabanes de pâtres, les orrys, en débris de schistes, au sein des jasses; quelques étables basses, presque sans ouvertures, tels sont les seuls travaux des hommes.

Un misérable hameau, décoré du nom de village, situé à plus de 1400 mètres au dessus du niveau de la mer est la sentinelle avancée de la civilisation dans ces contrées.

La culture de l'avoine, du blé noir, de la pomme de terre, l'élevage des bestiaux, telles sont les seules ressources de cette population.

Placées plus avantageusement dans des points où les vallées s'élargissent plus ou moins, Orlu, Orgeix, Siguer, Auzat, peuvent ajouter quelques cultures à celles déjà désignées.

Les bas-fonds, chargés des alluvions des anciennes pentes, exposés aux ardeurs d'un soleil brûlant durant l'été, ont un sol dont la fraîcheur est constamment entretenue par des irrigations bien conçues, aussi donnent-ils naissance, en quelques mois, à une végétation luxuriante.

Tel est l'aspect de toute la contrée depuis la rive droite du Rabat jusqu'au vallon de Caussou et de Luzenac. Ces terrains profondément faillés, laissent fréquemment sortir de leur sein des sources minérales froides ou chaudes; le pont de Saillens, Mérens, Ax, Aston, en offrent de remarquables exemples. L'imperméabilité du sol contribue ainsi à la fortune de certaines de ces localités.

Les gisements métallifères sont rares et de peu d'importance; la légende, plus encore que la réalité scientifique, nous forcent à citer les sables aurifères d'Axiat et les travaux anciens du pic de Baxouillade, près du Portel d'Orlu.

Ces caractères, mais à un degré moins intense, sont aussi ceux que nous remarquons dans les roches anciennes du massif du Saint-Barthélemy, ainsi que dans la grande arête nord de la vallée de Saurat et dans la belle vallée de la Barguillère ou vallée de l'Arget.

La différence d'intensité dans le phénomène tient à la différence d'altitude; au voisinage de la plaine; à la variété de composition chimique des roches massives.

La vallée de la Barguillère mérite à ce sujet une mention particulière.

Ce large bassin est entièrement formé de granite décomposé à l'état d'arène sableuse; vu en grand, des montagnes voisines, il présente une série de petits monticules recouverts par la végétation, séparés les uns des autres par une multitude de petits cours d'eau; la décomposition des granites a amené ces morcellements, augmentés tous les jours par l'action des eaux; elle a produit ces petites cimes arrondies dont l'effet pittoresque est des plus gracieux (1). Comme dans les montagnes de la Corrèze et dans le plateau des Cévennes, de belles plantations de châtaigniers couvrent ces pentes d'arène granitique.

« Les sources d'eau douce (2) qui sillonnent, dans
« tous les sens, ces terres naturellement pauvres,
« ont permis aux populations de créer de grandes et
« de riches prairies. On a su utiliser les dépaissan-
« ces des montagnes qui entourent la vallée. On a
« élevé avec toutes ces ressources des bestiaux de
« toute espèce; les fumiers sont arrivés en quantité,
« ces terres si mauvaises de leur nature ont pu

---

(1) Nous rencontrons la même pensée dans l'ouvrage de Brard (1838). Nouveaux éléments de minéralogie p. 594.

(2) Culture de la vallée de la Barguillère. Aug. Mercadier. Journal d'agriculture pratique et d'économie rurale pour le midi de la France. 3ᵉ série. T. V. Mars 1854.

« donner toutes sortes de récoltes... et le pays le
« plus pauvre de l'Ariége en est devenu l'un de plus
« fertiles. »

Disons cependant avec Dufrénoy que « le seigle,
le blé sarrazin, les pois, les pommes de terre sont les
seules plantes utiles à l'homme qui puissent y réussir dans l'état actuel de la culture. » (1)

Les terrains de transition, micachistes, talschistes,
quartzites grossiers, tout l'ensemble du cristallophyllien, présentent généralement par suite de leur
nature un certain air de famille.

La montagne schisteuse est plus fortement déchirée, elle offre souvent au voyageur des difficultés
insurmontables dans sa marche par suite du relèvement de ses couches; (Pic de Verceil); les précipices
sont plus nombreux; comme nous le disions plus
haut, l'aspect de la montagne n'a pas la majesté,
soit des masses granitiques, soit des masses calcaires, que l'on rencontre en d'autres points des Pyrénées. Les montagnes déchirées présentent des
aiguilles variées de mille manières par la disposition
des massifs et par la différence des niveaux; la cime
la plus élevée de notre chaîne, le mont Calm, appartient à ce système.

Des teintes noires (schistes pyriteux graphitiques)
assombrissent souvent le passage (vallée de l'Ariége
dans la Soulane, près du Cémens; col de Chioula,
environs de Ferrières); les teintes passent quelquefois au rouge sombre ou au brun chocolat; ce carac-

---

(1) Dufrénoy. Description de la carte de France. T. 1. p. 3.

tère appartient plus particulièrement au silurien; (environs d'Ax au-dessus d'Ascou, de Sorgeat, d'Ignaux, Vaychis, Savignac.) Telle est encore la teinte de ce calcaire silurien, si bien nommé par M. Mussy, le calcaire Métallifère, qui dans sa course à travers le bassin ariégeois donne les mines de fer plus ou moins riches de Luzenac, Lassur, Bouan, des Cabanes, Gudanes, etc.

Le terrain dévonien, par ses couleurs plus tranchées, violet, rouge de sang de bœuf, (château de Lordat) vert clair, se distingue facilement des terrains précédents; le géologue le reconnaît promptement à ses caractères extérieurs. Comme les autres étages du terrain de transition, il occupe des portions élevées de montagnes (Tuc de Pénédis.)

2° Région moyenne.

Nous avons commencé nos études de topographie géologique aux cimes de la haute chaine; nous avons vu les caractères extérieurs des terrains anciens qui occupent le fonds du bassin depuis les masses granitiques de Bulidor et de Font-Nègre, jusqu'aux pegmatites sur lesquelles repose la ville d'Ax; nous avons caractérisé les roches de transition qui forment les montagnes de Sorgeat, d'Ignaux, en donnant le faciès général des terrains siluriens et dévoniens; continuant notre course du midi vers le nord, nous trouvons au niveau du ravin de Caussou une puissante barrière qui forme une blanche ceinture au mont Saint-Barthélemy sur ses versants Est et Sud.

Ce puissant calcaire, si large dans les environs de Camurac, de Comus, de Montailhou, si reserré dans son passage à Lordat et à Siguer, reprend sa puissance et sa grandeur dans la traversée de la vallée de Vicdessos et dans les montagnes de Suc et de Saleix; ses caractères physiques s'imposent au premier coup d'œil ; le géologue le distingue immédiatement; j'insiste sur ce point afin de bien faire comprendre ce que l'on doit entendre par géologie pittoresque, cette partie de la science géologique qui s'impose d'elle-même par l'organe de la vue.

Placez-vous sur les cimes qui dominent Larnat; vos pieds reposent sur les lambeaux du calcaire primitif de Charpentier et vos regards tournés vers l'est, vous observez cette magnifique ligne calcaire qui dans ces régions avait échappé à la sagacité du savant géologue.

Des montagnes abruptes, aux pentes raides presque totalement privées d'eau, offrant seulement des catavothras, dans lesquels disparaissent des cours d'eau entiers, blanches dans la masse, souvent jaunâtres et quelquefois noires dans le détail, montagnes sans végétation possible et dont l'homme aurait fui l'approche, si les vallées qui les sillonnent n'apportaient d'une manière continue des matériaux d'alluvions, susceptibles de donner des cultures sérieuses et rapides. (Bassin de Prades Montailhou, Camurac, Comus.) Là ou manque l'alluvion, sur les pentes ravinées, il n'y a que misère et déception; la terre arable ne peut se marier à ces plans inclinés; et si par des efforts sans cesse renouvelés, on fait des essais de culture, la nature reprenant bientôt ses droits, la roche blanche ne tarde pas à reparaître. (Suc, Saleix, Sentenac.)

Je puis indiquer dès maintenant, la présence si fréquente dans cet étage, 1° des lherzolithes, que l'on ne rencontre nulle part ailleurs; 2° celle des ophytes; ces roches se présentent sous apparence de grandes taches, affectant tantôt la couleur de rouille (les lherzolites de l'étang de Lhers, celles de Sainte-Tanocle, que l'on signale d'un même coup d'œil par suite de ce caractère, du sommet de la Gauchette, au dessus de Lercoul) tantôt des taches jaunâtres et brunes (les belles ophites de Camurac) tantôt des taches vert clair ou vert olive, nuancées de jaune (les ophites d'Albiès).

Le terrain jurassique qui naît dans la vallée du Scios entre Nalzen et Roquefixade et qui traverse en bancs étroits toute la vallée de l'Ariége pour prendre sur les bords du Salat un si beau développement dans le bassin de Saint-Girons, présente lui aussi un caractère spécial.

Sur des pentes généralement improductives apparaissent des aiguilles d'un gris noirâtre affectant les formes les plus étranges; ces aiguilles ordinairement alignées dans le sens des couches, produisent en grand, l'effet des monuments religieux alignés sur les plages de la basse Bretagne.

Ces roches noires, à l'extérieur, grises ou roses à l'intérieur, mais toujours à l'aspect saccharin sont les grandes dolomies du lias; pointant fortement sur Caraybat, dans la vallée du Scios, elles continuent avec le même aspect jusqu'au dessus de Bouchères, près de Foix; plus massives dans la traversée de l'Ariége, elles reprennent bientôt le même caractère à Saint-Sauveur et dans les environs de Coumetorte; nous les retrouvons encore au delà de Baulou; mais les limites de notre travail ne nous permettent pas de porter plus au loin notre étude.

Dans le voisinage de ces roches, on rencontre constamment des combes fort étroites et boisées, à éléments calcaires; c'est là que le géologue désireux de recueillir les fossiles caractéristiques du lias doit opérer ses recherches; elles sont toujours productives.

Une couche alumino-ferrugineuse, la beauxite, affectant dans presque tous les points une teinte rouge très prononcée, reconnaissable à ses petits grains, semblables à des pois, sépare à peu près d'une manière constante dans le bassin de l'Ariége, le terrain jurassique du terrain crétacé.

Notre plan d'études ne comprenant ni le terrain crétacé, ni le terrain tertiaire, nous bornons à ces considérations l'étude de la géologie pittoresque du bassin de l'Ariége.

Aux considérations générales que nous venons de donner devraient s'ajouter des considérations tirées de la flore.

Il y a des plantes essentiellement granitiques comme il y a des végétaux calcaires ou des végétaux salins. Ce fait est connu depuis longtemps.

Quand Numez de Prado faisait la carte géologique des environs de Madrid, Vincent Cutendo s'occupait de la flore de la même province et sans entente entre ces deux naturalistes, ils arrivaient comme distribution du sol à des résultats identiques.

Cette question de l'union de la flore et du terrain géologique a été l'objet de travaux spéciaux de la part de M. Planchon.

Dans un premier travail « De la végétation spéciale des dolomies dans le département du Gard et de l'Hérault » (1) l'auteur arrive à cette conclusion que « jusqu'à ce jour, c'est entre les terrains à base « calcaire et ceux à base siliceuse, granite, gneiss, « micaschistes talqueux, qu'on a surtout reconnu « des différences notables dans la végétation. »

Dans une seconde étude « sur la végétation des terrains siliceux du Gard et de l'Hérault » (2) M. Planchon divise le sol botanique en trois régions :

Le sol calcaire, (le terrain du chêne vert);

Le sol siliceux quelquefois uni à un peu de calcaire (la région des châtaigners);

Le sol siliceux (la région des hêtres).

Dans une florule du Tarn, un modeste savant de nos contrées, De Martin Donnos, arrive à des conclusions analogues dans un chapitre plein d'intérêt, intitulé « des rapports qui existent entre les terrains et la végétation. (3)

---
(1) B. S. B. de France T. 1. 1854.

(2) B. S. B. de France p. 354.

(3) Florule du Tarn par Victor de Martin Donnos. 1864.

L'étude géologique de la flore est pleine de difficultés; il faudrait tenir compte encore et de l'altitude et des courants atmosphériques et du chaud et du froid.

Toute incomplète qu'elle soit, je la signale parce qu'elle vient encore à l'appui de la géologie pittoresque.

La géologie agronomique se rattache encore à cette question; elle a pour première base l'étude géologique du sol, mais la carte agronomique n'est pas soumise entièrement aux données géologiques et comme le dit M. Gras, « il peut arriver que des mas-
« ses minérales qui n'ont pas le même âge peuvent
« avoir une ressemblance assez grande pour donner
« naissance à des terrains agricoles de même
« nature. » (1)

Rappelons aussi que les terrains meubles formant le sur-sol voilent les caractères du véritable terrain géologique sous-jacent comme le fait remarquer M. Levallois. (2)

Mais n'oublions pas, que là où la terre végétale n'a pas été modifiée par l'action de l'homme, que là où la terre végétale est vierge, l'action du sous-sol, le vrai sol géologique est évidente. M. J. Garnier a observé ce fait dans les plaines de l'Australie. (3)

---

(1) Note sur la Géologie agronomique par M. Scipion Gras. B. S. G. 1871, p. 32.

(2) Note sur la corrélation des cartes géologiques et des cartes agronomiques. M. Levallois B. S. G. 1872, p. 440.

(3) M. Garnier B. S. G. 1872, p. 445.

Disons encore que cette action géologique a un résultat immédiat sur les cultures ; cette question a été l'objet d'un travail spécial de M. Leymerie au sujet des vins que nous pourrions appeler Palassou en même temps que sur les vins des terrasses du Tarn. (1) M. Ebray, pour les divers crus du Rhône est arrivé à des conclusions analogues ; chaque sol géologique du Rhône a son cru spécial. (2)

---

(1) Mémoire sur l'influence que le sol géologique peut exercer sur la culture et les produits de la vigne dans certaines contrées du sud-ouest de la France. — Leymerie. — Journal d'agriculture pratique et d'économie rurale pour le midi de la France.

(2) Sur la carte agronomique du département du Rhône ; M. Ebray, B. S. G. 1873, p. 203.

LIVRE TROISIÈME

CHAPITRE I.

TERRAIN CRISTALLOPHYLLIEN

DE LA VALLÉE DE L'ARIÉGE

Ce chapitre comprend :

1° L'étude du bassin de l'Ariége, de la source de l'Ariége au niveau de Mérens ;

2° L'étude d'un étage calcaire et de ses références, de (la vallée de Soulcen, jusqu'à Puyvalador et Fontabriouse ;)

3° L'étude du bassin de l'Ariége, du niveau de Mérens à Ax ;

4° Coup-d'œil sur la vallée d'Aston et ses vallées tributaires ;

5° Nos conclusions ;

6° Le massif de Saint-Barthélemy ;

7° Nos conclusions ;

8° Résumé ;

9° Cristallophyllien supérieur.

§ I⁰ʳ **Étude du bassin de l'Ariége, de la source de l'Ariége au niveau de Mérens.**

L'Ariége prend sa source au pic de la Font-Nègre, à 2,600^m; elle traverse le petit étang du même nom et laisse échapper son faible ruisseau au milieu des blocs éboulés de la grande masse granitique qui fait suite au pic de Font-Frède. Ce granite, vrai granite massif, est formé d'éléments très discernables à l'œil; le feldspath est très-blanc, le quartz gris cendré; le tout est parsemé de belles paillettes brillantes de mica noir; la pâte fortement feldspathique est souvent rosée.

Bientôt, après avoir cheminé à travers des tourbières de peu d'épaisseur, nous rencontrons des gneiss suivis de micaschistes qui occupent toute la partie haute de la triste vallée connue sous le nom de la Soulane; c'est au sein de ces schistes cristallins que nous trouvons auprès du col de Puymorens, dans les environs du ruisseau del Baladra une mine de fer fortement exploitée durant les mois de l'été; la mine de fer est limitée, au sud par le gneiss et au nord, elle s'étend dans le micaschiste. (1)

Des aragonites, soit à l'état fibreux, soit à l'état cristallin, du calcaire, accompagnent ces micaschistes au voisinage de ce minerai.

---

(1) Origine et composition du globe terrestre. — Acloque 1870. p. 270.

A ces micaschistes succèdent des schistes gris renfermant des nœuds de staurotides, puis viennent des schistes à l'état argileux, (argiles très-noires, pyriteuses) suivis d'argiles très-siliceuses.

On trouve ensuite le ruisseau andorran, le Cémens où l'on observe les débris des crètes au midi du roc de Mele, remarquable par des accidents maclifères et par de nombreux quartz rubanés que l'on voit remonter vers l'ouest par la vallée dans laquelle coule ce ruisseau, c'est-à-dire dans la direction de Saldeu.

Au voisinage des barraques, destinées à former primitivement une maison de jeu, nous entrons dans un véritable gneiss ; de gros blocs de granite, venus des montagnes supérieures, reposent çà et là sur ces gneiss et sur les schistes satinés.

Ces gneiss, très-souvent lardés de pointes granitiques qui se sont fait jour en leur sein, constituent, à droite et à gauche, toutes les crètes de second ordre; de vrais granites, à apparence schisteuse dans la masse, forment le pic de Clote Flouride, le pic Tose de Pédourès; mais bientôt dans ces sites, si profondément sauvages, où la végétation a presque disparu, se présente une grande dépression, le cours de Mourguillou.

§ II. — Étude d'un étage calcaire et de ses références (de la vallée de Soulcen jusqu'à Puyvaldor & Fontrabiouse).

L'étude de cette série ordinairement déprimée, l'étude des terrains qui la forment et celle des terrains encaissants, méritent une attention toute spéciale.
Cette série forme tout le long de la haute chaîne une grande ligne de démarcation au sein des roches anciennes : elle entre dans le bassin de l'Ariège aux environs de l'orry du Carla, (vallée haute de Soulcen) elle continue par le port de l'Arbeille, puis passe entre le mont Fourcat, et le pic de l'étang Fourcat, ensuite par l'étang de l'Albelle, tout le versant sud du pic Arial, le versant nord du port de Siguer, le midi de l'étang Blanc : alors s'inclinant vers le sud, la ligne passe au midi de l'étang de Soulanet, entre cet étang et le port des Bagnels : elle est rencontrée par la Coume de Seignac dont elle embrasse le cours jusqu'à l'Estagnole : de l'Estagnole, elle passe par une gorge étroite entre le pic de l'Homme Mort et le pic de Mil Menu : elle traverse en son centre l'étang de Coume d'Ose, comme elle a traversé l'Estagnole ; puis la ligne monte au col coté 2,352^m, col qui sépare les deux vallées de Coume d'Ose et de Coume de Varilhes.
La Coume de Varilhes, en son entier, coule dans la dépression jusqu'à la cabane de Garseing, confluent de la Coume de Varilhes avec l'Aston.

L'Aston traversé, nous passons par le col de Beil et le pic Redoun. Après une légère brisure, formée par la haute vallée du Najear, au niveau du lac Bleu, nous retrouvons l'étage au nord du pic de Cazalassis : il marche dans la direction du pic de l'étang Rébenty et de l'étang de Comté, puis à partir de l'étang de Comté dont elle forme le bord nord, la ligne prend dans son entier le cours du Marguillou jusqu'à son embouchure dans l'Ariége au niveau de Mérens.

De Mérens, on monte en ligne droite à l'étang de Clottes de Pont : de l'étang de Clottes de Pont, on franchit l'étang de Naguille, on passe au pic de Pinet ; on descend au niveau de l'Ariége que l'on traverse pour remonter immédiatement par une gorge étroite au col coté 2,437^m, situé entre la Porteille d'Orlu et le pic de Terres.

Nous pourrions arrêter ici notre étude puisque nous sortons du bassin de l'Ariége pour entrer dans le bassin de l'Aude, mais notre exploration de ces roches, si dignes d'intérêt, nous ayant porté beaucoup plus loin, nous nous empressons de signaler la continuation de ce système jusqu'aux environs de Foutrabiouse et de Fourmiguières où nous avons dû terminer notre exploration (1).

---

(1) Dans une étude géologique des Pyrénées-Orientales, étude dont nous ramassons les matériaux, nous suivons cet étage à travers les territoires d'Olette et de Thuès, de Py, les hauts plateaux de Prat Guilhem, qui rattachent le Canigou au pic de Costabonne, à travers encore la contrée dont Prat de Mollo et le centre, les Albères et nous le verrons se perdre dans la mer auprès du cap Rosas.

C'est donc sur une ligne immense, ligne étudiée dès maintenant sur une étendue de 70 kilomètres, que porte notre travail.

Une série de coupes relevées dans les régions les plus dignes d'intérêt donne le détail des étages.

Ces coupes portent sur six points différents du parcours.

Ce sont :

1° Coupe par l'étang de Naguille. (Coupe n° 1.)

2° Coupe par la ligne de faîte entre les vallées de l'Ariége et du Nagear. Du pic de Tose de Pédourès à Ignaux par l'étang de Comté. (Coupe n° 4.)

3° Coupe du pic noir de Juncla au pic coté 2,090™ par l'étang de Fontargente et la cabane de Garseing. (Coupe n° 2.)

4° Coupe du pic de la Passade au confluent du Coume d'Ose et de la Coume de Seignac par le pic de l'Homme Mort. (Coupe n° 3.)

5° Coupe longitudinale de la vallée de l'Ariége. Du pic de Brasseil au pic de l'étang Fauzy. (Coupe n° 9.)

6° Coupe transversale des Pyrénées. Du pic de Hau, (Massif du Saint-Barthélemy, France) à la Massana. (Vallée du Rialp, République d'Andorre.) (Coupe n° 8.)

CARACTÈRES DU GROUPE

La couche, souvent déprimée, correspond dans tout le parcours à un calcaire blanc d'une assez faible épaisseur, placé entre deux couches schisteuses, (calschistes schistes siliceux schistes maclifères). L'une de ces couches est généralement mince, la couche méridionale, couche qui est appuyée sur des granites stratifiés : l'autre généralement fort épaisse passant à des granites gneiss et quelquefois traversée par des granites éruptifs.

Ce groupe présente, dans toute son étendue, un aspect identique : un géologue placé sur un des cols élevés de la région pourrait, à première vue, en dessiner l'allure sur les simples apparences physiques.

Il se manifeste en effet par une coloration spéciale du sol, coloration visible au loin à la montée de tous les cols que franchit la ligne; elle se dessine en blanc ou gris jaunâtre sur la teinte généralement sombre, noire ou rouge sombre des roches encaissantes.

Nous observons une série de petites gorges désolées, gorges parallèles au grand axe des Pyrénées et déversant des affluents qui tombent presque à angle droit dans les rivières qui partent de la grande arête. Telles sont les gorges de la Coume de Seignac, celles de la Coume de Varilhes, la vallée du Mourguillou, la vallée du Galba, qui donnent leurs eaux au Querlong et à l'Aston, à l'Ariége et à l'Aude.

Dans presque toutes les vallées nous trouvons des lacs à fond ordinairement calcaire : lac Blanc, lac de l'Estagnole, lac de Coume d'Ose, étang de Garscing, étang de Naguille, étangs des sources du Galba.

Les gorges sont étroites, à parois ordinairement

schisteuses et presque toujours nues, souvent déchirées : elles se terminent par des cols dont la partie déprimée est formée par un calcaire entre deux murs presque perpendiculaires, formés de bancs de schistes en ruines.

Ces schistes redressés ont pour résultat de donner ordinairement naissance à d'affreux précipices aux points où la gorge s'ouvre d'une manière suffisante pour former des lacs : ces lacs sont ordinairement environnés de neiges éternelles. Citons principalement l'étang de Coume d'Ose, qui n'est accessible que par son déversoire. Citons encore les étangs où le Galba prend naissance.

Des détritus de toute espèce, des débris des pentes sans cesse travaillées par les actions de l'air, de la pluie, des neiges, se détachent de ces parois et forment à ces lacs, à fond généralement calcaire, un un sursol imperméable.

Cet important élément géologique a été entrevu par MM. Dufrenoy et François qui l'ont signalé comme une bande de schiste talqueux ; recherché plus tard par M. Leymerie (1) qui ne rencontra qu'une assise de gneiss légèrement verdâtre, par la raison qu'au niveau de Mérens où comptait la rencontrer l'auteur de l'esquisse géognostique de la vallée de l'Ariége, la couche est cachée par des détritus, sur les deux flancs de la vallée.

---

(1) B. S. G. 1863. — T. xx p. 249. Esquisse géognostique de la vallée de l'Ariége.

Signalé de nouveau par M. Garrigou en 1865, (1) qui ne le considère encore dans son mémoire que comme une bande talqueuse, ce groupe a été de la part du même auteur en 1868, l'objet d'un travail spécial. (2)

M. Garrigou a étudié cet étage, 1° aux abords du lac de Naguille, 2° aux environs du lac de Comté; il le considère comme le correspondant français du Laurentien du Canada.

M. Mussy en 1870, dans le texte explicatif de la carte géologique de l'Ariége, signale simplement aux mêmes localités, une lisière mince de schistes anciens avec calcaire cristallin à son contre et les rapporte au silurien supérieur. (3) Il donne une coupe assez exacte du lac de Naguille.

Nous n'adoptons pas les idées de M. Garrigou, celles de M. Mussy ne sont pas non plus les nôtres, aussi allons-nous procéder à l'étude raisonnée du terrain et nous tirerons ensuite les conséquences qui découlent de nos observations.

---

(1) B. S. G. 1865. — T. xxii. p. 481. Aperçu géologique sur le bassin de l'Ariége.

(2) B. S. G. 1868. T. xxvi p. 97. Etude du terrain stratifié dit Laurentien ou Antésilurien dans l'Ariége et dans les autres parties des Pyrénées.

(3) Carte géologique et *minéralurgique* du département de l'Ariége. p. 51.

Première coupe (coupe n° 1).

Coupe par l'étang de Naguille

Notre étude prend l'étang de Naguille du sud au nord, nous avons abordé l'étang par le sentier qui descend du pic de Verceil par l'Estagnole de Clottes de Pont.

De puissants gneiss, ou plutôt de puissants bancs de granite schisteux en grande masse occupent tout l'espace compris entre le pic de Reys et l'extrémité sud de l'étang de Naguille.

Au sud de la jasse de Bagnaze, le long du ruisseau qui descend de l'étang des Peyrisses se montrent des roches fortement moutonnées par d'anciens glaciers. Les neiges éternelles sont dans le voisinage.

Le contact s'opère par des schistes légèrement talqueux et verdâtres, suivis de schistes à structure massive présentant des apparences maclifères.

Ces schistes sont suivis de bancs silicieux en plaquettes rougeâtres à l'extérieur, à apparence cannelée ; ils contiennent de nombreux grains de quartz très-fin ; les feuillets de ces schistes sont durs et serrés.

Viennent ensuite des schistes rubanés, grenus, à apparence granitoïde ; ces schistes sont mêlés à des schistes verdâtres et rougeâtres ; ils sont suivis d'une série de calcaires schisteux, souvent traversés par des couches talqueuses, argentines, quelque peu rognoneuses ; ces couches sont entremêlées de quelques bancs de calcaire bleuâtre ; à caractère franchement cristallin viennent ensuite des calschistes rougeâtres, puis de nouveaux bancs de gneiss, enclavant des ilots de granite, à beaux nœuds d'orthose du plus beau blanc.

Le mouvement général des couches, 25 à 30 degrés avec plongement vers le nord est constant dans tout le massif.

Opérant notre retour vers Orgeix, par la rivière de la vallée d'Orgeix, nous avons retrouvé en grande partie les éléments ci-dessus indiqués ; le gneiss dans le voisinage de la partie nord de la coupe nous a même présenté en plus, un faible banc de porphyre qui traverse la vallée.

Cinq autres coupes, cinq coupes parallèles, prises sur le parcours du même calcaire, nous prouveront la continuité de cet étage dans toute la région de la haute chaine ; constance de situation dans les éléments du groupe, les uns par rapport aux autres ; constance dans leurs références.

2e *Coupe (coupe n° 4).*

Coupe par la ligne de faîte entre les vallées de l'Ariége et du Najear.
Du Pic de Toses de Pédoures à Ignaux par l'étang de Comté.

Cette coupe prise à l'ouest de la première, à une distance de onze kilomètres, présente les mêmes éléments.

A un granite gneisseux, se séparant en blocs à apparence d'énormes parallélipipèdes, qui forment tout le bord sud du Mourguillou depuis le pic de Cazalassis jusqu'à Mérens, succèdent des schistes talqueux, quelquefois noirs, ordinairement verdâtres, argentins, satinés ; schistes qui sont traversés par des calcaires en feuillets : ces calcaires se rencontrent dans le lit de la rivière et plus ordinairement au mur nord du Mourguillou : au niveau de l'étang de Comté, ils sont presque perpendiculaires et la montée au pic de Rébenty, pic constitué par des schistes ordinairement rouges, quelquefois noirs et traversés par des bancs de quartz blanc bleu de de ciel, ne peut s'opérer que par une véritable escalade au milieu des calcaires et des calschistes.

Dès l'abord, un fait nous a frappé dans la deuxième coupe, celle du lac de Comté, comme il a frappé M. Garrigou dans l'étude des environs du pic de l'étang Rébenty. Il y a par rapport à notre première coupe, la coupe de Naguille, inclinaison de couches en sens inverse, mais nous différons totalement dans l'interprétation du fait. M. Garrigou voit un renversement général du système ; pour moi qui ai suivi pas à pas ces couches calcaires et ces schistes, pour moi qui ai étudié les références, non en un point, mais bien sur tout le parcours à travers le bassin, je ne vois qu'un fait purement local, une simple ondulation, qui a rejeté vers le nord dans un quartier un mouvement général porté vers le midi. Il y a simple mouvement local et non renversement.

3ᵉ *Coupe (coupe nº 2).*

Coupe du pic Noir de Juncla au pic coté 2,090 mètres.

Par l'étang de Fontargente et la cabane de Garseing.

Cette nouvelle coupe perpendiculaire au massif commence par comprendre les granites gneisseux du pic Noir de Juncla dont le pied est baigné par les eaux des magnifiques étangs de Fontargente.

Le feldspath blanc se présentant en gros nœuds dans ce gneiss donne à cette roche une fausse apparence de porphyres.

La descente des étangs s'opère à travers des prairies à herbes basses qui recouvrent les schistes déjà signalés; ces schistes sont coupés un peu au nord de la cabane de Garseing par les calcaires qui descendent du col de Bel et que l'on voit devant soi au col qui donne le passage du bassin de la Coume de Varilhes au bassin de la Coume d'Ose : l'inclinaison vers le sud est ici sensiblement plus marquée que dans la coupe qui comprend l'étang de Comté.

4ᵉ *Coupe (coupe nº 3).*

Coupe du pic de la Passade au confluant de la Coume d'Ose et de la Coume de Seignac, par le pic de l'Homme-Mort.

L'étang de Coume d'Ose se trouve à une distance de près de cinq kilomètres de la cabane de Garseing : il est situé dans une des régions les plus sauvages des Pyrénées.

A l'ouest du pic la Passade se trouve une légère échancrure dans les roches granitiques : cette échancrure qualifiée du nom de col de la Portanelle est à peu près inaccessible, comme le pic de la Passade, par le versant français : ces granites schisteux ferment au midi l'affreux entonnoir connu sous le nom d'étang de Coume d'Ose.

A l'est et à l'ouest de l'étang existent deux autres petites ouvertures, remplies de moraines et de neiges glacées ; ce sont les cols qui donnent communication, d'une part avec la vallée de la Coume de Varillhes, de l'autre avec la vallée de la Coume de Seignac.

Ces cols sont ouverts, le premier dans le sein du calcaire, le second dans les schistes noirs qui avoisinent les calcaires qui descendent du pic de l'Homme-Mort. Ces calcaires traversent l'étang de Coume d'Ose en son milieu : les schistes rouges signalés antérieurement constituent la masse du pic de l'Homme-Mort.

5ᵉ *Coupe (coupe* n° 9).

Coupe longitudinale de la vallée de l'Ariége.
Du pic de Brasseil au pic de l'étang Fauzy.

Les trois coupes étudiées ont été prises à l'ouest de l'étang de Naguille. Cette nouvelle coupe prise à l'ouest de cet étang comprend tout le haut massif des montagnes d'où descend l'Oriége, à la sortie de notre étage du bassin de l'Ariége.

Elle présente avec les caractères déjà signalés les accidents du lac de Naguille.

A des granites gneisseux souvent à forme de pegmatites succèdent après le pic de Brasseil les schistes du versant sud : le pic d'Oulxis en est entièrement formé : le pic de Pinet est traversé dans toute sa hauteur par l'étage calcaire, bientôt suivi par les schistes rouges : les pegmatites et les gneiss porphyroïdaux de la vallée de l'Oriége leur succèdent immédiatement (1).

---

(1) Cet étage au-delà du col qui fait communiquer la vallée de l'Oriége avec la vallée du Galba, donne lieu dans cette dernière vallée à des grandes exploitations du banc schisteux de la rive méridionale; c'est avec les ardoises de la vallée du Galba que sont couvertes toutes les habitations du Capsir; l'industrie a même cherché à s'emparer des calcaires de la vallée ; mais tous les fours à chaux que nous avons rencontrés dans ces hautes régions ne nous ont présenté que des ruines.

De l'étude de ces coupes, il résulte que : 1° dans une grande partie du bassin de l'Ariége le vrai granite massif, n'existe pas. Le sol est constitué par des masses schisteuses cristallines au sein desquelles généralement le granite n'apparait qu'à l'état de pointement. Pour rencontrer le granite massif, il faut ou remonter jusqu'à la crête rocheuse d'où descend la source de l'Ariége, ou se reporter au-delà, dans la vallée d'Auzat et rencontrer le massif granitique de Bassiés, qui présente à peu près ce caractère.

Tous les granites qui se trouvent situés dans les bassins secondaires de l'Ariége, ceux de la vallée de l'Ariége entre l'Hospitalet et Ax, ceux des vallées du Najcar et d'Aston, avec les vallées tributaires, sont des accidents au sein des masses schisteuses, gneiss, schistes anciens.

2° Dans toute l'étendue du bassin, depuis le voisinage du Quérigut, jusque dans les environs de l'étang Fourcat, les gneiss et les schistes anciens encaissent un banc constant de calcaire.

Ce calcaire, enclavé dans un banc de schistes luisants, verdâtres à l'extérieur, quelquefois ardoisier (pic de l'étang Rébenty) a déterminé, par suite de sa facile décomposition, le cours de plusieurs ruisseaux importants, c'est lui qui forme les cols qui font communiquer entre elles les vallées perpendiculaires à la grande chaine; il est par sa désagrégation la cause normale de la formation des argiles qui remplissent un grand nombre de lacs dans ces régions supérieures.

Le terrain que nous venons d'étudier, sur l'étendue de tout le bassin, est-il une des formes du Cambrien ou du Silurien supérieur ? Est-il le représentant du Laurentien ou Antésilurien, comme l'annonce M. Garrigou ?

J'avoue qu'en l'absence de tout caractère positif me présentant le fossile contesté, l'Eozoon Canadense, je n'ose conclure dans ce sens, en présence de ce fait, à savoir que dans la presque totalité du parcours « les schistes plongent nettement au sud, » en passant sous le granite qui mérite ainsi le « nom de surincombant. » (1)

Je vois dans ce terrain le représentant de l'un des âges les plus anciens de la chaîne pyrénéenne; j'estime qu'il doit être l'un des membres du terrain cristallophyllien.

Dans un travail intitulé « Explication d'une coupe transversale des Pyrénées françaises passant par Luchon et Montréjeau, étudiant le groupe espagnol de la Maladetta, M. Leymerie cite un massif calcaire comprenant les pics d'Albe, de Padern, le Plan des Etangs, Penna Blanca, comme ayant pour élément principal un calcaire plus ou moins cristallin.

L'auteur de cette découverte rattache ce massif au silurien supérieur.

Le silurien supérieur se trouverait ainsi en contact immédiat avec le granite massif de la Maladetta.

Est-ce un accident spécial, un fait local qui met en contact le granite passif comme le dit M. Leyme-

---

(1) B. S. G. T. XXIX. p. 283. 1872. Leymerie.

rie, le granite de la Maladetta et le calcaire silurien à la Rencluse, au Plan des Étangs, à la Penna Blanca ?

Est-ce un faciés plus complet de notre cristallophyllien, puisqu'il comprend tout l'espace compris entre la Rencluse et la crête de la Montagnette ?

Je ne le crois pas.

Si notre coupe présente un certain nombre de points communs, il n'y a pas moins de notables différences à signaler.

Le silurien de M. Leymerie, mon étage cristallophyllien, ont chacun, dans sa région, leur raison d'être.

M. Leymerie a trouvé un calcaire développé, appuyé sur un étage schisteux, évidemment cristallophyllien, puis après une faille admirablement marquée, la faille du Lys, il retrouve le même calcaire faisant voûte sur le terrain schisteux, le tout recouvrant un granite.

La solution proposée par M. Leymerie s'imposait dans ces régions.

En est-il de même dans la vallée de l'Ariége ? Nos calcaires minces des lacs, en contact avec des gneiss reposent sans faille, à Ax et dans toute la vallée, sur le vrai terrain silurien.

L'accident du val du Lys n'existe pas; dans la la vallée de l'Ariége, le terrain cristallophyllien, sans faille, sans dérangement, repose sur le silurien.

L'assimilation entre les deux coupes, au point de vue de l'étage calcaire n'est donc pas possible.

Le calcaire silurien joue auprès de la Maladetta

le rôle que le calcaire cristallophyllien joue dans le sein des granites de la vallée de l'Ariége.

Mais M. Leymerie a trouvé le calcaire silurien au contact du granite passif; j'ai trouvé le calcaire cristallophyllien au contact, disons mieux, dans le sein même du granite auquel notre savant maître a imposé le nom de protéïque.

Il n'y a donc pas assimilation possible; le calcaire de la Penna Blanca n'est pas le calcaire de Naguille et de Coume d'Ose.

Au pied du granite massif de la haute chaine nous avons rencontré dans la Soulane un terrain qui présentait des schistes siliceux, des schistes noirs graphitiques et pyriteux; nous y avons rencontré avec M. Acloque, de l'aragonite, nous y avons vu du calcaire; ne serait-ce pas là, réduit à sa plus simple expression, le banc silurien de Penna Blanca?

Nous l'avons vu dans la montagne de la Tour de Carol, nous le rencontrons à la Soulane; par l'Andore, en traversant les vallées de l'Embalire, par l'Espagne, en traversant les vallées de la Noguéra Pallarésa et les sources de la Garonne, le groupe silurien de l'Ariége, limitrophe du granite passif rejoindrait le groupe silurien espagnol de la Maladetta, limitrophe du granite passif, qui constitue la masse de cette montagne.

Notre travail sur les hautes cimes de l'Ariége terminé, nous avons tenu au mois d'août dernier, à vérifier encore une fois les faits si dignes d'intérêt que nous présentons et nous trouvant de nouveau sur les cimes frontières, nous avons eu la légitime curiosité de connaitre le versant méditerranéen en contact immédiat avec nos montagnes ariégeoises : nous comptions ramasser les matériaux qui nous permettront de donner un jour la géologie de la République d'Andorre : notre excursion nous a présenté une heureuse surprise dont nous tenons à consigner immédiatement les résultats en donnant dès aujourd'hui la grande coupe des montagnes des Pyrénées, du Pic de Hau, massif du Saint-Barthélemy, à la Massana, confluent de la rivière d'Arensal et du Rialp.

6º *Coupe* (*coupe* nº 8).

Coupe traversant les Pyrénées.

Du pic de Hau (massif du Saint - Barthélemy, France) à la Massana (vallée du Rialp, République d'Andorre).

Cette coupe embrasse l'ensemble des terrains anciens des Pyrénées françaises et d'Andorre sur une étendue de trente-cinq kilomètres.

Au pied sud du pic de Thoumas et au-delà de l'étang de Soulanet, nous trouvons le banc calcaire français, déjà étudié, qui est immédiatement suivi de schistes maclifères, schistes clairs à très-grandes macles : ces schistes maclifères constituent toute la

masse du pic frontière de Bagnels : au sommet du
coté de l'Andorre, les schistes sont légèrement
rubanés (1).

La descente en Andorre s'opère sur les schistes
anciens avec faille, au niveau du Sorteny.

Des schistes anciens, souvent quartzeux, entremêlés de gneiss, occupent presque toute la contrée
qui s'étend des sources du Sorteny au hameau de
Serrat : un peu avant ce premier centre d'habitations
qui est au confluent du Rialp et du Tristaina, nous
retrouvons des schistes clairs, d'un gris argentin,
pétris de macles.

Le confluent s'opère sur des schistes quartzeux,
rubanés, de couleur foncée.

La vallée se resserre : les bois disparaissent et
sont remplacés par des cultures.

C'est dans ce sol à premières cultures et à quatre
ou cinq cents mètres environ avant d'atteindre la ville
de Llors, qu'après la rencontre d'un banc de schistes
foncés caverneux, nous trouvons un étage calcaire,
avec nodules de quartz; étage identique comme texture et comme position à celui que nous avons
étudié sur le versant français.

Ce calcaire est ici fortement tourmenté : il est
suivi de schistes noirs, très-brillants, maclifères,
qui forment les montagnes situées à l'est et à l'ouest

---

(1) Le pic frontière de Bagnels et ses environs, nous présentent la plus importante masse maclifère que je con-
naisse dans les Pyrénées françaises : disons en passant que
le développement de l'étage maclifère en Andorre est immense.

de Llors : ces schistes sont coupés par des couches ferrugineuses utilisées comme minerais et donnant des eaux minérales à l'entrée de Llors.

Arens, Cortinada, Ordino, El Puy, Massana, sont placés sur des terrains qui présentent tous les caractères du silurien français.

§ 3. — Étude du Bassin de l'Ariége
DU NIVEAU DE MÉRENS A AX.

Nous venons d'étudier sur le versant français une ligne qui court sur une étendue de 70 kilomètres et nous avons signalé, dans une note spéciale, cette ligne comme s'étendant le long des Pyrénées et des Albarès jusqu'au Cap Rosas, où elle se perd dans la Méditerranée.

Cette ligne a été reconnue comme constante et dans ses caractères et dans ses références.

Maintenant, nous allons reprendre le cours de l'Ariége depuis le niveau de Mérens et étudier la nature du sol de la contrée de Mérens à Ax.

Pour faciliter notre étude, nous nous reporterons à la coupe n° 4 (coupe de la ligne de faite entre les vallées de l'Ariége et du Najear.)

La partie sud est étudiée du pic Tose de Pédourès au pic de l'étang Rébenty ; nous partirons de ce dernier point pour descendre jusqu'à la ville d'Ax. Nous nous aiderons en même temps de la coupe (n° 5). Coupe générale de la vallée de l'Ariége par Ax, de la Tute de l'Ours au col de Marmarre.

Aux schistes rouges qui de l'étang de Comté s'étendent au nord pour former le pic de l'étang Rébenty, schistes dont on a essayé l'exploitation à plusieurs reprises, on passe par l'adjonction de bancs de quartz, d'un blanc bleu de ciel, à des gneiss, qui règnent de l'Estagnol au petit col qui précède le massif de la Tute de l'Ours : à des schistes quartzeux succèdent de nouveau, des gneiss qui dessinent, à la Tute de l'Ours, un véritable éventail.

Nous rencontrons à Mateport une couche quartzeuse légèrement maclifère, couche très-visible dans le torrent qui descend du col du Saquet vers le Najear.

On entre ensuite dans le gneiss aux environs de la Grielle et de la cabane des Forestiers ; ce gneiss, souvent en décomposition, constitue le sol de la forêt : plus bas, dans le voisinage du roc de Baoulou, les granites gneisseux sont entrecoupés de gros filons de quartz.

La descente du col Majou au monticule qui surmonte Encastel, s'opère dans une région où dominent les gneiss : ces gneiss passent souvent à des pegmatites, lardées de bancs de quartz : ces pegmatites sont à gros cristaux de feldspath, qui leur donne une structure porphyroïde : des blocs énormes de diluvium occupent presque tout le penchant : sous ces blocs, on trouve le gneiss dans le haut, la pegmatite dans le bas.

Plus bas, aux environs d'Encastel, nous rencontrons des roches schisteuses rubanées, mêlées à des pegmatites et à des leptynites.

Nous arrivons ainsi au niveau d'Ax.

La station d'Ax mérite une mention spéciale :

La base du côté droit de la vallée de l'Ariége, depuis le ruisseau d'Ascou, un peu au-dessous du village, jusqu'à la rencontre de la route, au Castelet, est formée principalement par des schistes rubanés, maclifères, ou par des schistes efflorescents. Les charmantes cascades du Castelet sont formées par les brisures de ces schistes. A leur midi, et immédiatement appuyées sur eux, souvent même, les pénétrant, nous trouvons des roches gneissiques passant quelquefois à la pegmatite ou à la leptynite.

Ces granites renferment des roches fortement perforées; il semble, de prime abord, que de grands cristaux ont disparu, par suite de l'action combinée de l'air et de l'eau; un examen plus approfondi nous apprend qu'il s'agit de granites à gros nœuds de mica, généralement noir, granite dans lesquels les nœuds superficiels de mica ont disparu.

Un peu à gauche de la métairie d'Entreserre, et fortement au-dessus se montre une roche intéressante, formée d'un schiste rougeâtre à l'extérieur; généralement noir ou gris, foncé à l'intérieur; ce schiste est enclavé entre deux bancs granitiques; tantôt il recouvre le gneiss, tantôt il en est recouvert;

le gneiss, avec toutes ses variétés s'y comporte en véritable roche de typhon ; il pénètre de mille manières ce banc schisteux. A ce banc succède, après un espace de quarante à cinquante mètres, un nouveau banc de gneiss, accompagné de granite à grands cristaux de feldspath et à nombreux accidents leptynitiformes. Il constitue le versant sud de la vallée de l'Oriége.

Ce terrain déjà signalé par M. Garrigou, comme se continuant au pic de Brasseil, traverse la vallée au niveau même de la ville d'Ax et se présente sur la rive gauche de l'Ariége et de l'Oriége, à Encastel, pour continuer dans la direction du Castelet. Ax repose en grande partie sur un sol formé d'un conglomérat moderne fort dur et ordinairement cimenté, à travers lequel sourdent la plupart des sources thermales; le sous-sol est souvent visible; dans la partie voisine du ruisseau d'Ascou, près du Breil et dans plusieurs rues voisines, pointent des roches pegmatites et gneissiques; dans la partie centrale de la ville, se reliant à Encastel, le sous-sol est formé de schistes imprégnés de granites.

Toutes les roches qui depuis Encastel jusqu'à la hauteur de Savignac, forment le bord gauche de l'Ariége, sont de cette formation, formation généralement étroite, accidentée de petits mamelons et terminée au sud par le granite essentiellement protéique de la vallée d'Orlu.

§ IV. — Coup-d'œil sur la vallée d'Aston et ses vallées tributaires.

La coupe transversale des Pyrénées, (coupe n° 8) du pic de Hau à la Massana donne la majeure partie du parcours.

Nous pourrions nous livrer à une étude parallèle à celle que nous venons de faire en prenant le torrent d'Aston depuis sa naissance aux étangs de Fontargente, ou depuis le ruisseau de la Coume de Seignac, jusqu'à l'embouchure de l'Ariége, nous rencontrerions les mêmes éléments; aussi ne donnerons-nous que les points principaux du parcours.

Disons d'abord que dans cette vallée l'action glacière a été plus marquée, que dans la vallée de l'Ariége; c'est ainsi qu'en remontant la vallée, après avoir quitté les terrains supérieurs que l'on trouve bientôt après Ax, au-dessus d'Ignaux, lorsque nous rencontrons les schistes quartzeux rubanés et toutes les roches d'Ax et de Savignac, peu après Aston, aux environs du moulin de la Ferrière, près de la fontaine sulfureuse des fromages ou de Saint-Martin, nous constatons que toutes les roches sont fortement moutonnées.

Plus au sud, au hameau de la Réclate, sous Hières, les granites présentent ce phénomène en grand, il en est de même au pont de Sibart, en face de Ségurbech, et il sera facile d'en retrouver les effets dans la vraie vallée d'Aston en bien des points jusqu'à la cabane de Garseing, au confluent de l'Aston et de la Coume de Varilhes.

La fontaine de Saint-Martin sort d'un granite gris porphyroïdal, avec grands cristaux de feldspath et mica blanc et noir ; c'est la continuation comme place et comme roche des granites qui bordent la route neuve d'Orgeix, le long de l'Oriége dans la vallée d'Orlu.

Ces granites présentent dans leur masse une stratification bien marquée avec plongement vers le sud.

Comme station géologique, la fontaine de Saint-Martin correspond exactement au site d'Ax.

Ces granites sont suivis, principalement dans la vallée de Querlong, par des protogynes, suivies elles-mêmes de gneiss talqueux.

A l'embouchure du torrent de Mille-Roques, 1,600^m, la haute vallée recouverte d'une couche tourbeuse, est entourée de granites gris à gros éléments, granites passant souvent à la leptynite ; le mica y est très-abondant et y affecte toujours la couleur noire.

Au pont du ruisseau de l'étang de la Peyre le granite est extrèmement blanc, c'est presque du feldspath pur, englobant de petits grains de quartz gris ; la mica a disparu.

Comme précédemment, les massifs affectent toujours dans leur masse une inclinaison marquée vers le Sud.

Continuant notre excursion à travers les défilés souvent difficiles du ruisseau de la Coume de Seignac, nous gravissons le long des pentes escarpées du pic de l'Homme Mort et nous trouvons un système de gneiss auquel succèdent, à partir du confluent du Coume d'Ose, des schistes gris clair, très durs, veinés de blanc, à talc noduleux avec leptynite rougeâtre et granite schisteux, identique à celui que nous observons dans le massif de Saint-Barthélemy.

Arrivés à la jasse de l'Estagnole, nous trouvons les schistes qui contiennent des macles, des schistes rougeâtres et noirs, ordinairement luisants, satinés, le calcaire en lamelles, de nouveaux schistes noirs et rougeâtres qui viennent butter contre les roches du pic de Mil-Menu, fond de la vallée.

Le granite frontière de Mil-Menu présente, à des hauteurs presque inaccessibles, du moins par le versant français, des filons de fer carbonaté, complètement inexploitables.

Les schistes qui précèdent le granite forment sur leur versant nord, en avant de l'Estagnole de la Coume de Seignac, une véritable barrière ; le pic de l'Estagnole dans toute sa partie sud, le haut pic de l'Homme Mort, sont constitués par ces schistes que nous retrouvons toujours à la même place, enclavant le banc calcaire au col de Seignac, au lac de Coume d'Ose, au col de Coume d'Ose, à la Coume de Varilhes, à l'étang de Mirabal. Le pic de la Cabaillère, les deux pics qui portent les cotes 2090^m et 2328^m dans la direction du pic de Lauzat, en aval du col de Beil, appartiennent à la même formation schisteuse dont le profil se dessine au loin.

Le calcaire enclavé court, du midi des cabanes de Garseing au col de Beil.

Dans la haute vallée d'Aston, au nord de ces schistes

existent de puissants massifs de protogyne, accompagnés souvent de granites à grosses amandes d'orthose, ce granite assez schisteux est rose à l'extérieur; il offre peu de variations jusqu'au pont Calvière où nous avions quitté le cours de l'Aston pour étudier le Querlong et les vallées adjacentes.

Signalons cependant les environs de la jasse d'Artaran, ceux de la jasse de Toudous, comme formés de gneiss fortement inclinés en lits très marqués ; la vallée du Querlong est en grande partie de cette formation : nous les remarquons encore sur les deux rives des maigres pâturages cotés 1603^m et 1662^m au delà du pic gneisseux du col de Gaz. Ces gneiss forment un ensemble de sommets signalés par l'absence totale de toute végétation forestière : aux environs des stations 1603^m et 1662^m se trouvent encore debout quelques troncs d'arbres verts, morts en des points inaccessibles. Le géologue rencontre dans ces contrées les plus grandes difficultés pour lutter contre la température glaciale de certaines nuits d'été.

Si nous abandonnons le Querlong à la station cotée 1662^m pour remonter le terrain qui descend du lac de Soulanet, nous pénétrons dans une région bien autrement affreuse.

A travers des gneiss qui nous barrent souvent le passage, nous arrivons aux petits étangs de la Sabine, de là, tournant droit au midi, nous commençons à gravir péniblement le pic de Thoumas, 2743^m ; l'ascension s'opère à travers des gneiss lardés de pegmatites grenatifères à belles tourmalines.

Du sommet, nous embrassons au nord les lignes

déchiquetées, coupées de mille pointes, semblables à de gigantesques créneaux, des montagnes de la Sabine et de pic de Bouc : le gneiss et le micaschiste relevés règnent à peu près sans partage dans toute cette région nord.

A nos pieds à droite, nous avons au fond du précipice le lac de Soulanet, lac abordable par le déversoir seulement, tout son pourtour étant formé de pegmatites et de gneiss coupés verticalement; à l'ouest se présente une vaste cuvette, l'étang Blanc, dans une dépression supérieure : c'est qu'en effet nous retrouvons, au midi du pic de Thoumas, la dépression où nous avons signalé le calcaire à l'étang de Coume d'Ose, à l'Estagnole et dans la Coume de Saignac.

Nous descendons à l'étang Blanc par des schistes rougeâtres, les schistes signalés au pic de l'Homme Mort et nous retrouvons au pied et sur le penchant du pic de Bagneils le calcaire et toutes les roches qui l'accompagnent.

§ 3. Conclusions

Le terrain pyrénéen qui comprend toute la haute chaîne depuis les sources de l'Oriége, de l'Ariége, de l'Aston et de ses nombreux affluents, rapporté par plusieurs auteurs au terrain granitique; moitié granitique, moitié Antésilurien ou Laurentien pour M. Garrigou ; traité tantôt comme Silurien inférieur, tantôt comme Silurien supérieur et comme terrain Granitique par M. Mussy, rapporté aussi à différents étages des terrains de Transition par Magnan, n'appartient pas au terrain Granitique comme l'ont avancé jusqu'à ce jour, les géologues qui ont parlé de la haute chaîne.

Tout le massif sans exception, appartient à la période Cristallophyllienne ; il est caractérisé par une admirable ligne tracée par la nature, ligne sans discontinuité d'un bout du bassin à l'autre bout du même bassin.

Ce terrain cristallophyllien présente la particularité d'être traversé dans tout son parcours par un banc calcaire.

Des granites qui ont surgi des profondeurs du sol, qui ont pénétré ces schistes de mille manières, comme à Entreserre, formant de nombreuses îles, ont amené des changements dans la position respective de bien des roches, tout en laissant des jalons en nombre plus que suffisant pour amener dans l'esprit la certitude complète que depuis les sommets extrêmes jusqu'au niveau du silurien inférieur, délimité par une assise franche, un schiste carburé noir, tout le système est cristallophyllien.

§ 6. — Le Massif du Saint-Barthélemy.

Au midi des petites Pyrénées de la partie orientale du bassin de l'Ariége et au nord de la grande chaîne se dresse un massif qui contribue plus que tout autre à la démarcation orographique de nos contrées. Le Saint-Barthélemy, haut de 2,349^m et les cimes voisines qui constituent le massif de Tabes forment un magnifique promontoire en avant de la chaine.

Ce massif par sa position, ne peut être comparé qu'au massif du Pic de Midi de Bigorre, 2,877ᵐ, dans les Hautes-Pyrénées.

Le Saint-Barthélemy mérite une étude spéciale au point de vue orographique d'abord et ensuite au point de vue géologique.

Du nord au sud, il comprend toute la contrée comprise entre Montferrier et Axiat, 12 kilomètres ; de l'est à l'ouest, tout le pays qui s'étend de Font-Albe à Mercus et Saint-Antoine, 19 kilomètres.

De la jasse de Font-Albe au rocher de Saint-Antoine règne une longue ligne sinueuse ; cette ligne passe d'abord par le col de la Peyre, la cime cotée 1,732ᵐ, le pic de Soularac, 2,343ᵐ, la cime du Saint-Barthélemy, le col de Girabal, le pic de Galinat, le col de Cadènès, le pic de Hau, 2,074ᵐ ; puis, abandonnant la ligne Est Ouest et tournant plus franchement vers le Nord, l'arête passe par la station cotée 1,929ᵐ, un peu au-dessus de l'Orry du col d'Aigotorto, le mont Fourcat, 2,004ᵐ, le pic de la Lauzatte, 1,655ᵐ ; elle continue par une pente assez douce qui va du pic de la Lauzatte par les stations cotées 1,314ᵐ, 1,032ᵐ, 926ᵐ, 739ᵐ, à Saint-Antoine.

Tel est le squelette de ce chaînon d'où descendent de nombreux cours d'eau entre de puissants contreforts.

De l'étang Tort, au nord-est du pic de Soularac, sort un bras du Lhers qui va rejoindre la Frau.

Du nord du Saint-Barthélemy, a travers d'abord un Estagnole, puis l'étang du Diable et celui des Truites, s'écoule le Lasset.

Entre ces deux vallées se trouve une grande crête qui part du col de la Peyre et qui porte le haut signal de la Frau, 1,919^m; continuant notre marche vers l'ouest, nous rencontrons au nord du Saint-Barthélemy le contre-fort qui sépare le Lasset des nombreuses sources de la Touyre; cette rivière descend par de nombreux rameaux des environs du col de Giralbal, du pic Galinat, du pic de Hau, du mont Fourcat et rejoint le Lhers au loin dans la plaine.

Un contre-fort part du mont Fourcat et file vers Frémis ; il sépare les eaux de la Touyre de celles de l'Armentière qui s'épanche sur les pentes du mont Fourcat; entre le mont Fourcat et le pic de Lauzatte, coule le Sourd; enfin, entre ce contre-fort et le promontoire qui se termine à Saint-Antoine, nous trouvons le ruisseau de Saint-Paul et d'Antras.

Telle est l'orographie et l'ensemble de l'hydrographie de la partie nord du massif du Saint-Barthélemy.

La chaîne du Saint-Barthélemy longe dans toute sa longueur le bord du bassin de l'Ariége après lui avoir causé une inflexion sensible à la hauteur de Luzenac. Il en résulte que sur ce penchant le massif ne projette que des torrents de médiocre importance; sortant de vallons étroits à pentes raides, ces torrents sont presque toujours privés d'eau durant l'été, mais ils sont terribles après les orages et à la fonte des neiges. Les ruisseaux d'Axiat, de Caychax, de Verdun, sont dans ce cas.

Descendant du pic de Hau pour arriver à Bompas,

l'Arnave a un cours plus considérable ; signalons encore le ruisseau de Mercus et celui de Croquier.

Nous laissons de côté toute la partie du bassin comprise entre Endoumens et Arnave, partie comprenant l'aiguille de Soulombrié, le bois de Lujat, le col d'Ussat et le col de Bassech, parce que dépendante immédiatement du bassin de l'Ariége, elle est soumise à des lois particulières, indépendantes du mouvement du massif du Saint-Barthélemy.

A l'âge de ce massif se rattache l'immense bassin granitique qui a pour cimes principales le cap de la Coume de Pignon, 1,716^m et le pic des Trois-Seigneurs, 2,199^m ; mais l'Ariége par son cours perpendiculaire au travers du massif forme une division naturelle qui me permet cet isolement du Saint-Barthélemy et nous donne la possibilité d'une étude d'un quartier spécial.

Aidé par les observations de nos devanciers, MM. Leymerie, Garrigou, Mussy et plus antérieurement Charpentier, guidé souvent par un infatiguable explorateur de ces contrées, M. Alzieu, nous allons donner la description géologique de cette partie de la chaîne ariégeoise.

Pour connaître à fond l'anatomie du massif, nous aurons recours à une coupe générale partant de Montségur et se terminant à Axiat. Notre coupe comprendra les étangs et les deux principales cimes, les pics de Saint-Barthélemy et de Soularac. Voir (coupe n° 14) Coupe de Font-Albe au pic de Montségur et (coupe n° 12) Coupe du pic de Soularac.

De Montségur à la Canalette, à travers une vallée

assez étroite, portant des débris diluviens en presque tous ses points sur le côté droit, on trouve après quelques roches jurassiques une série de roches à caractères dévoniens, cependant les environs de la Canalette, comme ceux de Rebaule, reposent sur des schistes luisants, durs, verdâtres et bleutés; des bancs ferrugineux parcourent ces schistes, comme il parcourent aussi ceux de Montminier; ils paraissent un peu plus épais aux environs de la Canalette que dans les autres points du parcours. Ces schistes, presque verticaux, sont inclinés vers le sud. On arrive ainsi au cirque de Prat Maou, qui renferme la jasse du même nom ; ce cirque, ancien lit d'un lac inférieur à ceux des Truites, du Diable, de Tort, est situé dans un banc de protogyne fortement incliné du sud au nord; cette protogyne occupe tout le versant sud de la montagne et passe par la cime cotée 1,921 mètres.

A cette protogyne succède un large banc de calcaire rugueux, présentant de nombreuses parties dures qui donnent une apparence éloignée de polypiers siliceux.

Ce calcaire bleu, gris veiné de blanc à l'intérieur, faisant une grande effervescence avec les acides, passe souvent à une roche talqueuse verdâtre et donne lieu alors à des calchistes au milieu des talchistes. Ces calcaires ont encore l'inclinaison déjà marquée. L'ascension de Font-Albe se continue à travers bois par des granites gneisseux ; un peu avant le col, ces granites renferment des micachistes rougeâtres, auxquels succèdent de nouveau les granites qui donnent à Font-Albe des exploitations du stéatite.

Si, maintenant, nous reportant en avant du massif, nous montons à la pointe de Soularac, nous trouvons des bancs parfaitement accusés de granite schisteux et de pegmatite ayant tous, comme tout le versant sud de la montagne une inclinaison S. N. de près de 45 degrés.

Lorsqu'on arrive au niveau de l'étang Tort, 2,000^m environ, le granite devient plus franc; il est grenatifère et, si de là on monte directement à la cime de Soularac, on gravit des couches rouges de granite en décomposition, vraies pegmatites, un peu gnessiformes, à beaux cristaux de tourmaline, à nœuds de quartz et avec bancs de quarzite ; le mica est rare, mais le feldspath est fortement cristallisé; un banc de micaschistes à gros rognons, surmonté de granite schisteux termine le mont Saint-Barthélemy.

La couleur chocolat clair de ces bancs permet d'en suivre le mouvement; on se rend alors un compte exact du mouvement du sol dans la composition de la montagne.

En effet, depuis la base sud du massif jusqu'au sommet, le mouvement du sol est constamment le même, les couches depuis la naissance du massif granitique, Axiat, Appi, Saint-Conac, Caichax, commencent par une pegmatite fortement décomposée, devenant dans les parties supérieures un banc solide qui présente de vrais typhons ophitiques dans la montée du Saint-Barthélemy par Appi; on trouve à 150 ou 200 mètres au-dessus du village des veines ophitiques du plus beau vert et formant une roche des plus dures (1).

Ces pegmatites sont surmontées par une série de bancs de granites gneissiformes en partie ruinées et présentant l'aspect imposant de tours démentelées ; c'est là un bon horizon que l'on peut suivre durant plusieurs kilomètres. Ce sont eux qui au-dessus d'Axiat forment la barrière qui termine le trou de l'Ours, au-dessus des cabanes de Bugareils ; ce sont encore eux qui filant au midi du col de Giralbal, se dessinent sur le versant sud du pic Galinat et du pic de Hau.

A part de rares exceptions, le granite du massif du Saint-Barthélemy appartient en entier au type gneissiforme ; les éléments quartzeux sont presque confondus et forment de petits nids, des noyaux séparés par de petits feuillets de mica ; le mica noir domine ; la roche, par suite de décomposition, par suite aussi d'une faible quantité d'oxyde de fer prend à l'air une teinte légèrement jaunâtre.

---

(1) L'existence de ce typhon parfaitement net qui court à travers la pegmatite d'Appi a son importance ; je sais que certains géologues, Magnan en particulier, M. Mussy pour le Quérigut, croient pouvoir signaler des ophites contemporaines des terrains granitiques.

Ce fait vient à l'encontre des observations d'un naturaliste dont nous partageons cependant une partie des idées, M. Noguès.

« L'éruption de l'Ophite a commencé avec le lias ou le « trias et a fini avec l'éocène (2). »

(2) B. S. G. t. XXIII, p. 612, 1866. Sur les roches amphiboliques des Pyrénées connues sous le nom impropre d'Ophites. — Noguès.

En présence de cette structure, le grand géologue Charpentier a donné le nom de granite veiné à cette roche massive (1).

La base du massif le long des hautes vallées d'Axiat, d'Appi, de Saint-Conac, etc., est formée par une vraie pegmatite, décomposée en beaucoup de points et donnant lieu à des dépôts de kaolin que nous retrouvons en masse plus considérable dans la faille de l'Ariége, sur le territoire de Mercus, d'Amplaing, et de Montoulieu sur l'autre rive.

Le Saint-Barthélemy dont la base est massive, base tantôt solide, tantôt en décomposition à la surface, base traversée par des filons ophitiques, se compose donc essentiellement d'une roche schisteuse, roche schisteuse qui contient un banc calcaire au sein de schistes satinés, de schistes siliceux, de schistes carburés.

Le Saint-Barthélemy a donc sa masse entière, des environs nord de la Calmette, aux roches qui dominent Appi et Axiat, la composition géologique des montagnes qui occupent tout l'espace compris entre la dépression de Mourguillou et le village d'Ignaux.

Le Saint-Barthélemy est donc formé dans sa plus grande étendue par le système cristallophyllien.

---

(1) Charpentier. — Essai sur la géologie de Pyrénées, 1823, p. 184.

§ VII. — Conclusions.

De l'étude des faits qui précèdent résultent deux sortes de conclusions :
1° Des conclusions géogéniques ;
2° Des conclusions géographiques ou plutôt orographiques sur la distribution des vallées et partant des cours d'eau qui s'échappent de ces massif.

1° *Conclusions géogéniques.*

Deux causes, deux grandes causes, ou simultanées ou successives ont donné le relief général des terrains que nous venons d'étudier.

1° La naissance même de l'axe de la chaine, naissance qui a bouleversé toute la partie centrale et qui a brisé les témoins de ces temps.

2° La naissance de puissants contre-forts qui s'avancent au loin dans les plaines, tels que le massif du Saint-Barthélemy qui est situé à plus de vingt kilomètres nord de l'axe de la grande chaine.

En présence de pareils faits, le géologue doit reconnaître que le relief de notre chaine est le résultat de l'action de deux causes, sans doute combinées, les soulèvements et les failles.

1° Des soulèvements qui ont permis au granite de Font-Nègre de pointer aux sources de l'Ariége, des soulèvements qui est permis aux roches granitiques des environs d'Ax, de pointer à travers les terrains cristallophylliens.

2° D'immenses failles qui ont changé à plusieurs reprises la face de la contrée : à Monségur, le crétacé inférieur repose sur le jurassique et le devonien ; à Saint-Paul-de-Jarrat, il y a contact entre le silurien et le crétacé inférieur : soulèvements, failles, telles sont les causes premières du relief de nos montagnes, montagnes travaillées ensuite par les agents de dénudation.

2° *Conclusions géographiques et orographiques.*

Tous les cours d'eau importants du bassin de la Haute Ariège, à l'exception du bassin du Vicdessos, qui n'entre pas dans nos études, descendent sur la rive gauche de la ligne de faîte ou de ses dépendances immédiates.

Ce sont l'Oriége, l'Ariége, le Najear, l'Aston, la Coume de Varilhes, la Coume d'Ose, la Coume de Seignac.

Tous les cours importants du bassin de la Haute Ariége sur le côté droit, descendent du massif du Saint-Barthélemy.

Le soulèvement du massif formant île, dont le pourtour sud s'appuie immédiatement sur le bord de la faille de l'Ariége ne permet qu'à des cours d'eau sans importance, à des ravins, de porter leur tribut à l'Ariége. Sur la rive nord, il donne naissance à une série de rivières qui suivant les contre-forts du massif, arrosent un vaste territoire.

Et de même que tous les affluents importants de l'Ariége sur la rive droite, Oriége, Najcar, etc., descendaient d'une même ligne, disons mieux, d'une même roche, ici toutes les rivières descendent d'une même ligne, d'une même roche; elles partent toutes des gneiss qui accompagnent les schistes cristallophyllien qui forment le pourtour nord du Saint-Bathélemy.

Ces rivières dans leurs cours inférieur obéissent ensuite à d'autres lois, des failles locales, des soulèvements indépendants de celui que nous traitons amènent chez-elles telle ou telle déviation nouvelle.

§ VIII. — Résumé.

Résumant notre travail sur l'étude de la Haute Ariége et notre travail sur le massif isolé du Saint-Barthélemy, nous disons :

Il y a unité de composition.

Il y a identité au point de vue géogénique.

Il y a identité de constitution géographique et orographique.

§ IX. — Terrain cristallophyllien supérieur.

Nous rangeons sous le titre de terrain cristallophyllien supérieur les roches de grauwacke lie de vin ou violacées, les grès à grains fins rubanés, les phyllades satinées à éclat luisant, à bancs quartzeux, des schistes maclifères et quelquefois pyriteux : toutes roches généralement imprégnées de silice.

La composition ordinaire de cet étage peut être étudiée en détail au niveau d'Ax, entre Ax et le plateau des Goutines (coupe n° 5) : la base en contact avec les granites schisteux porphyroïdaux est formée de schistes alunifères et efflorescents, formant du beurre de montagne : ces schistes très-légèrement ferrugineux donnent naissance à des sources minérales (source au nord du Couloubret à Ax ; source ferrugineuse au midi de la Remise, près des Cabanes).

Les schistes alunifères, à couleur gris sale, tachetés de jaune et de blanc ont généralement au-dessus d'eux les schistes maclifères : ces schistes maclifères sont gris avec macles très-nombreuses tranchant par une couleur plus sombre sur le gris nacré de la roche : on les trouve à Ax, au Castelet, à Savignac, au midi du village d'Aston ; au midi de Marc, dans la vallée de Soulcen ; puis viennent des schistes gréseux fortement rubanés, en couches très-serrées et souvent très-ondulées : on est alors au commencement du système des grauwakes et des schistes pétro-siliceux qui prennent souvent un grand développement (vallée d'Izourt, vallée de Soulcen). On arrive ainsi aux schistes ardoisiers rougeâtres et luisants, base du silurien.

La Lauze ou rivière d'Ascou a son cours entier

dans cet étage que nous retrouvons ensuite sous les villages d'Ascou, de Sorgeat, d'Ignaux, à Savignac, au Castelet, à Vaychis, au midi de Sourtadel ; dans la vallée d'Aston avant la fontaine de Saint-Martin ; au rocher de Miglos ; à Sarradel ; puis au voisinage de la vallée de Siguer et d'Auzat cet étage prend un énorme développement : il occupe tout le versant nord des pics de Garbié et d'Endron, et passant par Artiès et par Marc, il file par Caraffa, le pla de Nizard, vers la pointe d'Argent et le mont Calm : des micachistes et des pegmatites, au midi de l'orry du Carla, le séparent de la région où nous avons observé notre banc calcaire dans sa continuité depuis les montagnes de Fourmiguières jusqu'à la vallée de Soulcen.

Ce terrain donné par M. Mussy, comme silurien, dans la haute vallée de Soulcen, dans le quartier du mont Calm et du pic de Brougat, et où manque cependant toujours l'élément caractéristique du silurien ariégeois, le banc calcaire, se présente aussi en une autre bande fort large en certains points : cette bande part du versant nord du massif du Saint-Barthélemy, passe au-dessus de Celles et de Saint-Paul, se montre à Montgaillard sur les bords de l'Ariège, puis, passant entre le granite décomposé de la Barguillière et le massif du bout de Touron et du cap de la Coume de Pignon, cette bande file sur Ganac et sur Brassac. Dans ces régions, elle occupe un vaste territoire : sa composition est toujours la même.

Cette étage forme un très-bon horizon géologique, sa face sud étant toujours appuyée sur des micaschistes ou sur des talschistes, les précurseurs des pegmatites et des granites schisteux décomposés qui forment les hauts sommets de toutes les montagnes qui s'étendent du pic de Soularac au pic des Trois-Seigneurs, à l'extrémité orientale du bassin.

Les montagnes de ce niveau sont généralement boisées ou susceptibles d'être boisées : elles contiennent assez fréquemment des restes de plantations de châtaigniers : entretenues dans un état d'humidité par de nombreux cours d'eau, elles sont en partie défrichées : aussi trouve-t-on sur ce terrain des habitations à un niveau relativement élevé : les lignes sont généralement arrondies, mais elles se terminent aussi quelquefois par de brusques arêtes : Ce fait se produit lorsque les bancs de quartz qui font partie du massif arrivent à la lumière : les roches d'alentour subissent des décompositions, le quartz résiste toujours et forme mur.

L'étage se termine ordinairement par un ressaut formé par les montagnes qui contiennent les pegmatites, montagnes toujours plus élevées que les précédentes : la ligne de ressaut est une ligne de sources, parfaitement marquée.

DES GRANITES

DE LA HAUTE ARIÉGE

En étudiant les éléments de terrain cristallophyllien, nous avons souvent parlé des granites de la région.

Nous allons maintenant nous livrer à une étude spéciale de ces granites.

Et, d'abord, ils sont au nombre de cinq :

1° Granite en masse.	Le granite de la Font-Nègre, (source de l'Ariége).
2° Granite à composition intime massive, mais présentant des marques évidentes de stratification.	Le Granite du massif de Bassiès.
3° Roches granitiques en lits.	Le granite du massif du Saint-Barthélemy et du massif du pic des Trois-Seigneurs.
4° Granite stratifié décomposé.	Le Granite de la vallée de la Barguillère.
5° Granites en typhons.	

1° *Granite de Font-Nègre.*

Ce granite n'appartient pas à proprement parler à notre bassin : étendu le long de la vallée de la Balira, il vient toucher au bassin de l'Ariége au pic de la Font-Nègre, pour former ensuite la barrière nord d'où descend le Carol, affluent de la Sègre.

Le granite de cette région est massif et à petits grains : le mica noir y forme tantôt des nœuds, et tantôt il est dissiminé dans toute la masse : l'abondance du feldspath orthose donne à l'ensemble une couleur généralement grise qui se traduit en blanc presque parfait dans les fragments détachés par le marteau.

Les tourbières du haut de la vallée de la Soulane, les schistes du col de Puymorens sont couverts de gros débris détachés de ce puissant massif dont l'épaisseur atteint jusqu'à plusieurs kilomètres de large.

Ce granite le seul granite franchement massif, c'est-à-dire ne nous ayant pas donné de traces visibles de formation de couches dans sa masse, que nous ayons rencontré dans nos recherches.

Les granites qui vont suivre, présentent des structures stratifiées.

2° Granite du massif de Bassiès.

Structure intime assez analogue à la précédente, mais homogénéité moins grande dans la masse et traces nombreuses de stratification bien marquée en grandes masses, sens de stratification parfaitement conservé dans les parties du massif où le granite a dû momentanément céder la place à un gneiss, comme on le rencontre, et sur le bord sud, (vallée de Lartigue) et au centre même du massif : (voisinage des étangs).

Comme le granite de la Font Nègre, cette roche est généralement très-dure et très-résistante : comme ce granite avec ses pentes abruptes et fortement escarpées, il ne laisse place à aucune végétation.

3° *Des roches granitiques du massif du Saint-Barthélemy et des Trois-Seigneurs.*

Ces roches granitiques présentent, avant tout, les deux caractères qui suivent : ils sont schisteux, très-souvent décomposés, et de plus, ils renferment dans leur constitution presque toutes les roches granitiques, à l'exception du granite typique.

Nous avons vu en effet, dans notre étude du Saint-Barthélemy, un granite grossier, granite gris sale et de couleur terreuse; nous avons vu des granites gneiss formant presque la montagne en son entier, le tout couronné par un chapeau du pegmatite à tourmalines.

Le massif des Trois-Seigneurs, massif essentiellement schisteux, à stratification très-remuée, présente à sa partie est un fait remarquable, c'est l'incorporation de couches en minces feuillets d'un calcaire très-blanc et très-cristallin : nous avons fait cette observation au quartier de Sioulé, à Illier, en face du rocher ophitique qui perce le granite de la montagne de Teillet. (1).

Toute la bordure nord est formée de roches granitiques en complète décomposition transformées en grandes arènes terreuses : au Saint-Barthélemy, le nord et l'est sont formés de protogynes en décom-

---

(1) Nous devons la connaissance de ce fait intéressant à M. Alzieu, curé d'Illier.

position, donnant de beau talc blanc, facilement exploitable, en plusieurs points, durant la belle saison.

De grands bancs de quartz souvent accompagnés de pegmatites et de gneiss sillonnent ces roches granitiques : les montagnes du Montoulieu et du Ganac, celles de Lapège, laissent à nu de grands bancs de quartz laiteux, analogues à ceux que nous avons rencontrés dans les montagnes des environs de la Griolle, près du massif de la Tute de l'Ours.

Dans le massif des Trois-Seigneurs, les micachistes, les gneiss, les talschistes sont l'élément dominant : ils semblent former ceinture aux roches des étangs d'Arbu, des étangs Long, des étangs Blanc et du pic des Trois-Seigneurs où domine la pegmatite à grandes tourmalines, perçant de mille manières des roches de micaschistes.

4° Granite de la Barguillière.

Ce granite essentiellement terreux par décomposition de la masse a déjà été l'objet d'une étude spéciale dans notre chapitre de topographie pittoresque. Je n'ai donc pas à insister de nouveau sur sa structure. Il présente dans toute son étendue les traces évidentes d'un structure schisteuse.

Les autres groupes granitiques, ceux que l'on rencontre ou en bancs, vallée d'Orlu, bords de l'Ariége au sud de Savignac et de Lassur, valllée d'Aston, de Siguer, caractérisés par une structure schisteuse prononcée et en certains points, par une texture fortement porphyroïdale appartiennent à la troisième série : au milieu de gneiss, au milieu de micaschistes, de talchistes qui accompagnent ces roches se présentent fréquemment des cônes éruptifs, de vrais typhons de granite, qui ont produit des dérangements locaux très-souvent dignes de l'attention du naturaliste : les environs d'Ax et la vallée d'Orlu en sont un exemple des plus remarquables.

Ces groupes renferment souvent, soit des schistes phylladiformes, soit des schistes siliceux, soit, enfin, plus rarement des calchistes (vallée de Viedessos).

5° Granites en typhons.

Le phénomène éruptif joue un rôle important à la station d'Ax et dans son voisinage.

Il existe à Ax, au-dessus du Coulombret, des granites non stratifiés, formant culots au milieu des terrains de grauwackes schisteuses et au contact de schistes maclifères gris à petites macles.

Il existe aussi à Ax sur l'autre rive de l'Ariége aux environs d'Encastel, des roches granitiques qui pénètrent en filons au sein des micaschites de la région : à environ 500 ou 700 mètres d'Ax sur la rive gauche et sur le bord de la rivière, on trouve une roche de micaschistes pénétrée de filons de pegmatite, roche en place et portant un vrai chapeau de pegmatite.

Le phénomène éruptif, le phénomène des roches de typhons est donc pour nous des mieux marqué.

A quels caractères reconaîtrons-nous ces granites éruptifs de la région d'Ax?

Toute la région de Font-Nègre à Ignaux est formée de roches stratifiées, or, lorsque nous remontrons des granites non stratifiées, de vrais culots massifs, formant bouton généralement proéminent et solide au sein de ces roches stratifiées, je désigne ces éléments du sol sous le nom de granite typhon, de granite éruputif, et lorsque, comme à Encastel, ces granites envoient des ramifications dans les schistes anciens, de vrais filons ; quand par suite d'un véritable épanchement, la roche granitique massive forme chapeau sur ces roches stratifiées, en place, à mon avis, toute hésitation doit disparaître.

Telle est la situation du bassin dont Ax est le centre. Quels sont les caractères de ces roches granitiques massives ? Ils sont essentiellement variables.

Pegmatite à grands éléments dans la masse passant souvent presque sans transition à la leptynite : pegmatite à grenats, pegmatite à mica noirs et blancs en gros nœuds et donnant le plus ordinairement lieu à des filons leptinitiformes. La texture de la veine enfermée dans la pegmatite prend toujours une apparence spéciale : la pegmatite à gros éléments passe à une roche plus grenue ; c'est une vraie leptinite presque sans mica où l'on ne peut guère observer que de petits grains de quartz et de feldspath.

Dans la pegmatite épanchée, c'est-à-dire dans la partie massive, on observe fréquemment, et cela sans aucune transition, des parties formant de vrais nœuds de roche entière de leptinite : en d'autres points le mica et quelquefois agglomeré, mais le plus ordinairement ce sont les tourmalines qui forment de gros nœuds en grains très-fins, nœuds qui ont de un à deux centimètres et quelquefois près d'un décimètre.

Tel est l'aspect le plus général de ces roches que nous trouvons principalement dans le bassin d'Ax, qui percent même en certains points le dépôt plus moderne sur lequel repose la ville.

J'ai retrouvé le même phénomène dans la vallée d'Aston ; il est bien caractérisé dans le voisinage de la fontaine de Saint-Martin, au-dessus du village d'Aston.

Cette source minérale froide d'eau sulfureuse, analogue quant à sa nature chimique à celle des sources d'Ax, se présente au sein d'un bassin de composition identique à celui d'Ax.

N'oublions pas de rappeler que le beau mica palmé qui se présente à la roche de Carbounade, sur la route d'Ax à Prades appartient encore à cet âge. Il forme une légère élévation dans un granite gneisseux qui court au sein des schistes anciens sous les schistes rougeâtres qui précèdent les calcaires du terrain silurien.

CONCLUSIONS.

Quel est donc pour nous le caractère de notre cristallophyllien de l'Ariège ?

Observé imparfaitement jusqu'à ce jour, peut-être souvent par suite d'idées préconsues, il a été confondu avec le vrai terrain granitique parce qu'on n'a pas tenu compte de la division forcée du granite en deux grandes classes : les granites massifs et les granites gneisseux.

Le cristallophyllien pyrénéen demandait une étude approfondie. Nous ne laissons sous le nom de terrain granitique que le terrain formé de granite franchement massif, formant à l'arrière de notre chaîne des montagnes de premier ordre et nous rangeons dans notre cristallophyllien pyrénéen le terrain strato-cristallin, caractérisé par des gneiss renfermant dans tout leur parcours un long banc calcaire, des schistes et des gneiss, lardés de protubérances granitiques de tous genres.

En d'autres termes, tout ce qui depuis le granite massif offre le caractère marqué de stratification jusqu'à la limite du silurien entre pour nous dans le cristallophyllien.

Nous ne discutons pas la possibilité ou la non possibilité de l'existence des séries Huroniennes et Laurentiennes dans nos contrées, nous ne faisons que les faire rentrer dans le cadre d'un cristallophyllien élargi.

CHAPITRE II

Terrain silurien de la vallée de l'Ariége.

La route qui conduit d'Ax à Prades par Sorgeat et le col de Chioula nous donne une coupe complète du terrain silurien de la vallée. (Coupe N° 5).

A l'angle du lacet voisin d'Ascou, on quitte les dernières roches cristallophylliennes si profondément traversées et influencées par les roches granitiques.

On vient d'abandonner le rocher de Carbounade qui présente une belle pegmatite à mica palmé et l'on pénètre dans des schistes rougeâtres luisants, un peu onctueux, difficiles à débiter et présentant sur tout leur parcours, par suite de la décomposition dont ils sont l'objet, l'aspect d'une carrière abandonnée.

Ces schistes sont immédiatement suivis d'un banc calcaire qui forme la première crête. Ce calcaire à cassure brillante est d'un brun rougeâtre à l'extérieur, souvent chocolat et passant à une couleur bleue grisâtre ; ces mêmes couches sont légèrement imprégnées de matières talqueuses et contiennent par place des nids de calcaire spathique très-blanc.

Ce calcaire spathique est assez pauvre en fait de minerais ; on rencontre à la roche de Prunair, au dessus de Gardeillou, un filon de galène dont l'exploitation a dû être abandonnée, des minerais de fer en quelques autres points, à Lassur, par exemple.

Immédiatement au-dessus de ce calcaire se présente une couche de schiste argileux; à couleur foncée et généralement très-noire; ces schistes sont imprégnés de pyrite ferrugineuse et contiennent des gisements de pyrite de cuivre lenticulaire, des minerais de fer et de plomb; ils sont souvent accidentés par des filons et par des nœuds de quartz.

Ces schistes sont surmontés d'un calcaire cristallin, tantôt jaunâtre ou rose, tantôt gris, criblé de belles veines blanches de barytine et de calcaire spathique. Ce calcaire est souvent pénétré par des bancs de schistes satinés jaunâtres.

Enclavé dans ces schistes satinés, il présente ce caractère remarquable d'offrir le gisement d'un nombre considérable de mines de fer; il mérite très justement le nom de calcaire métallifère que lui a donné M. Mussy. (1)

Les caractères que je viens d'énumérer sont constants dans toute l'étendue de la traversée du silurien dans le bassin de l'Ariége.

Tout cet étage a un plongement N. S. de 30 à 45°.

Pour la commodité de l'étude du silurien dans le bassin de l'Ariége, je résume les caractères.

Les bancs sont constamment parallèles.

---

(1) Mussy. Carte géologique et minéralurgique. p. 53.

Je divise le silurien en deux sections :

Section inférieure { Schistes rougeâtres, bruns-clair, chocolat luisants. Calcaires bruns, bleutés à couches inférieures imprégnées de matières talqueuses.

Section supérieure { Schistes argileux, noirs, imprégnés de pyrites ferrugineuses ; calcaires cristallins à veines de barytine et de calcaire spathique très-riche en minerais de fer.

La délimitation de ces étages, si facile à faire par suite de la continuité des bancs calcaires, par suite aussi de la constance de l'ensemble des caractères généraux a été faite d'une manière incomplète par M. Mussy. M. Mussy en effet n'a pas vu cette continuité des bancs, aussi a-t-il placé sans ordre les points importants, tels que les mines de fer de la contrée, tantôt dans son silurien supérieur, tantôt dans son silurien inférieur : il va même jusqu'à mettre dans le silurien inférieur le minerai de fer oligiste devonien du château de Lordat.

La géologie de cette contrée n'ayant jamais été faite avec méthode, je vais donner avec détail la marche des deux étages dans la partie du bassin qui fait l'objet de ce travail.

Notre étude part du col de Pradel, au midi du pic de Serembarre pour se terminer à Larnat et à la Lesse de Bialac, à l'ouest de Larcat, c'est-à-dire à la vallée de Vicdessos.

La branche inférieure passe au col de Cayrol, à Fraiche, au roc de l'Orry d'Ignaux; au Signal de Chioula, à la fontaine de Labarthe et franchit l'Ariége à Unac; elle passe ensuite au sud de Luzenac au dessous du hameau de Sourd, où elle est réduite à quelques mètres d'épaisseur et ensuite au sud de Lassur, au sud de la Remise, puis s'élargissant un peu au niveau du roc du Pech, de telle sorte qu'elle occupe en ce point les deux rives de l'Ariége, elle passe par le Pech, et la base du monticule de Saint-Pierre. (Voir la coupe N° 11. Coupe de la montagne de Saint-Pierre entre Albiés et Saint-Conac) en même temps elle continue par Château-Verdun et la Chapelle Saint-Barthélemy pour arriver à la Lesse de de Bialac; elle est continuée à l'ouest de la lesse de Bialac; par le Garrabié, Canillot, la Coume, la borde au nord de Gestiés et reparait sur l'autre rive du Siguer au midi du pic de Lercoul.

Venant du col de Pradel, la branche nord ou supérieure suit le ruisseau del Clot del Foch, passe à Montaud, à Salonquet, au col de Chioula, coupe à plusieurs reprises les lacets de la route de Luzenac à Prades, passe sous Unac au niveau du vieux pont, constitue le monticule du calvaire de Luzenac; les schistes satinés supérieurs sont en ce point très-développés, ils donnent lieu à Unac et à Luzenac à de grandes exploitations.

Dans ces schistes, à Garanou en particulier, on a rencontré de magnifiques géodes de quartz cristallisé.

Au niveau de Lassur, le calcaire supérieur passe

sur la rive droite et forme le monticule sur lequel est bâti le village d'Urs ; (voir la coupe N° 13 intitulée, coupe de la vallée de l'Ariége entre Urs et Lassur) ; il rejoint la faille de l'Ariége, forme le fond du lit de la rivière pour ne reparaître qu'aux environs d'Albiés, pour constituer ensuite une des parties supérieures de la montagne de Saint-Pierre ; on le retrouve au pont de Verdun, et, franchissant l'Ariége, il passe à Aulos, au midi de Sinsat, puis au nord de Bouan, il court sans interruption par Norrat jusqu'à Miglos : il constitue le nord de la montagne de Lercoul et donne au dessus de Sem le minerai de Rancié.

M. Garrigou dans un aperçu sur le bassin de l'Ariège a consacré quelques mots à ce terrain et a cru devoir donner une coupe au niveau de Luzenac (1) coupe relevée sans doute avec rapidité, aussi croyons nous de notre devoir de lui opposer nos propres observations. (Voir les coupes N°ˢ 6 et 7).

Les montagnes au sud de Luzenac appartiennent à l'étage supérieur du calcaire silurien, qui passe de la rive droite à la rive gauche et le dévonien reste sur la rive droite qu'il n'abandonne jamais, pour constituer le massif du château de Lordat.

La présence de minerai de fer à la montagne du calvaire de Luzenac et sur le penchant de Sourladel, minerai manganésifère, a donné au sol une teinte rouge qui a induit en erreur M. Garrigou.

L'étage dévonien constitue le massif de Lordat,

---

(1) B. S. G. t. XXII p. 486 — 2ᵉ série 1865.

mais ne franchit pas la vallée ; toute la rive gauche de l'Ariége se trouve uniquement constituée par les étages supérieurs et inférieurs du silurien avec accompagnement de schiste.

La coupe ci-annexée reproduit le détail comparé des deux observations.

En terminant cette étude, reconnaissons que le terrain silurien dans la vallée de l'Ariége présente un faciès beaucoup plus complet qu'il ne le présente dans la Haute-Garonne.

Dans la Haute-Garonne, le terrain silurien « se « fait facilement distinguer de l'étage cambrien sous- « jacent par une assise de schiste carburé noir, qui « semble un coup de crayon tracé par la nature elle- « même pour marquer la limite des formations. (1). »

Notre silurien comprend en plus toute une série calcaire, qui forme notre section inférieure, série calcaire, toujours en parfaite concordance avec la série supérieure et précédée aussi d'une couche de schistes de couleur sombre.

Le silurien du bassin de l'Ariége comprend encore une autre bande d'une importance capitale, car elle forme une des parties constitutives du massif du Saint-Barthélemy sur toute sa partie nord.

Découverte par M. Garrigou à l'entrée de la vallée

---

(1) B. S. G. 2ᵉ série, T. XXIX, p. 285, 1872. Résumé d'une explication de la carte géologique de la Haute-Garonne. Leymerie, et Explication d'une coupe transversale des Pyrénées française, Leymerie. — Extrait des Mémoires de l'Académie des sciences de Toulouse. 1870. 7ᵉ série. T. II, p.10.

de Saint-Paul et signalée par lui comme contenant un fossile caractéristique, la Cardiola interrupta (1). Cette bande nous a été représentée d'une manière exacte par le même auteur dans son aperçu sur le bassin de l'Ariége (2).

M. Mussy nous apprend qu'il a visité la même contrée avec M. Garrigou (3), il nous parle même plus loin de caschistes siluriens qui bordent au nord le Saint-Barthélemy, mais par suite d'une erreur que l'on a peine à s'expliquer, dans ses coupes (coupe sud nord du terrain dévonien par Celles et Saint-Genès), comme dans sa coupe (sud nord du versant septentrional du Saint-Barthélemy par Montferrier), et aussi dans sa carte géologique du département de l'Ariége, l'auteur intervertit les couches, il place le dévonien là où se trouve le silurien et *vice versa*. La carte de cette région, au point de vue des terrains siluriens et dévoniens, était donc totalement à refaire : nous avons appliqué toute notre attention à cette partie de notre travail.

Le silurien caractérisé par ses bancs calcaires qui forment une longue suite de crêtes, de Montségur à Freychenet et rencontre le cours de l'Ariége au niveau de Saint-Antoine se retrouve ensuite de l'autre côté de l'Ariége, au nord de Ferrières.

---

(1) B. S. G. T. 25. 1866, p. 419. Étude de l'étage Turonien, du terrain crétacé supérieur, le long du versant nord de la chaîne des Pyrénées. Garrigou.

(2) B. 1. g. T. 22. 1864, p. 476. Aperçu sur le bassin de l'Ariége.

(3) loc. cit. page 59.

Ce calcaire est toujours accompagné d'un schiste argileux noir, imprégné de pyrites ferrugineuses; il contient en beaucoup de points, au rocher de Saint-Antoine, en particulier, des nodules calcaires, qui atteignent jusqu'à 5 et 6 centimètres de diamètre; ces nodules calcaires, d'une couleur noir bleuté contiennent du sulfure de fer arsenical.

CHAPITRE III

Terrain dévonien de la vallée de l'Ariége.

Le terrain dévonien de notre bassin offre un très-faible développement; il est étendu dans la vallée de l'Aude, à travers les bois d'Empourna et le long du ruisseau de la Coume.

Dans une note en date du 7 juin 1875, publiée par le bulletin la société géologique de France, M. Leymerie (1) donnait une division du terrain dévonien des Pyrénées en trois assises.

Nous trouverons dans notre bassin, malgré la

(1) B. S. G. de F. 3e série. T. 3. p. 546. — 1875.

faible épaisseur du terrain, les caractères des trois assises décrites par M. Leymerie.

L'assise inférieure est caractérisée par un schiste talcoïde en dalles régulières, à teintes tantôt vertes, tantôt rosées. Tels sont les environs du Drazet.

L'assise moyenne, caractérisée par le grand développement des griottes à ganglions occupe d'une manière plus spéciale l'est du bassin, c'est-à-dire le voisinage du pic de Pénédis ; on le retrouve cependant à Bestiac, à Vernaux, à Lordat, au nord de la montagne de Saint-Pierre.

Disons cependant qu'il y a une très-grande ressemblance entre les calcaires de cet étage, calcaires gris et les calcaires du silurien supérieur. Des recherches attentives font alors seulement reconnaître le véritable horizon ; on retrouve çà et là dans ces calcaires des nids plus ou moins considérables de griottes ; les environs nord de Montaud en sont un exemple.

L'assise supérieure est assez réduite ; les schistes verts ou rouges, flambés de violet, sont représentés d'une manière plus spéciale au pic de Pénédis, côté nord ; de nombreux filons de quartz traversent cet étage, nous les remarquons entre autres points au col de Sahuquet, près de la station 1553^m.

Une première bande dévonienne part du pic de Pénédis, passe par le col de Balaguès, le col de Rieufrède, le nord du bois du Drazet ; le terrain se resserre au niveau du col de Marmarc et la vallée de Caussou se trouve entièrement creusée dans le dévonien, enlevé par érosion ; les débris n'apparaissent qu'accidentellement; le côté droit de la vallée jusqu'à Bestiac est uniquement formée par le calcaire marbre blanc; le silurien supérieur borde l'autre côté de la vallée.

A mi-côté sous Bestiac et jusqu'à Vernaux, nous pouvons cependant reconnaitre les principaux éléments du terrain qui prennent une plus grande extension à Lordat pour disparaitre ensuite entre Urs et Vèbre; plus haut dans le voisinage du col d'Arquès, entre Saint-Conac et Albiès, le dévonien reparait pour disparaitre ensuite totalement.

Une autre bande dévonienne se présente au nord du Saint-Barthélemy; cette bande entrevue par M. Leymerie, en 1863 (1) reconnue ensuite par M. Garrigou en 1865 (2) se trouve encore indiquée par M. Mussy (3) qui a malheureusement confondu dans les environs de Montferrier et de Montségur les étages les plus caractéristiques du terrain crétacé avec le dévonien.

Cette bande puissante en largeur et en étendue occupe tout le côté gauche de la vallée qui s'étend du nord de la Calmette à Montségur; elle passe par les bois de Manzonnes, ceux de Montminier, où règne le calcaire à griottes; puis, franchissant la vallée du Touyre, elle se dirige sur Frémis et Boulet; Stal de Pic, Tragine et Fraychenet, Sourd et Pouchon, St-

---

(1) B. S. G., 1ʳᵉ série, page 263 (1863).

(2) B. S. G., 1ʳᵉ série, page 508 (1865).

(3) Mussy, L. C., page 64.

Genés et Labat, le col d'Albe, le roc de Carol, le midi du rocher de Saint-Antoine; elle traverse ensuite l'Ariége pour se terminer dans les montagnes de Ferrières entre Reins et Guillaret.

Disons, en terminant, que contrairement aux observations de M. Garrigou, nous avons toujours trouvé concordance entre le terrain dévonien et le terrain silurien.

Au Drazet les schistes du dévonien reposent normalement sur l'étage supérieur du silurien.

CHAPITRE IV.

Etude de l'origine des roches ophitiques du calcaire cristallin.

Il existe dans toute la région sur laquelle portent nos études, une assise de calcaire marmoréen, reconnaissable à des caractères spéciaux : blanche dans la plus grande partie de sa masse, lardée d'ophites et plus encore de lherzolites; ces roches sont pénétrées de cristaux de couzeranite et de dipyre dans les parties les plus voisines des ophites comme dans les parties les plus éloignées.

Cette assise traverse tout le bassin; très-large aux

environs du pic de la Frau, très-atténuée aux environs d'Axiat, de Larnat, de Miglos et de Lercoul, elle reprend un vaste développement à l'ouest de Viedessos pour traverser ensuite la vallée du Salat.

Notre intention était de passer cet étage sous silence ; une raison spéciale que nous ferons connaître plus loin nous force à donner quelques explications.

Et en effet, quel est l'âge de cet ensemble qui court au nord des Pyrénées sur une si vaste étendue ?

Est-ce comme le supposent plusieurs naturalistes, un membre métamorphique du lias ?

Je sais bien que Dufrénoy a signalé au col d'Agnet, au-dessus d'Aulus, les fossiles caractéristiques de cet étage.

Je déclare avoir visité ces parages avec le soin le plus minutieux, j'ai inspecté ces schistes indiqués, schistes qui ne sont autre chose qu'un calcaire pourri, décomposé à la suite de l'action des lherzolites et je n'ai trouvé dans ces schistes que des cristaux en nombre considérable de couzeranite et de dipyre. Des fossiles jamais.

M. Mussy dit bien : « J'ai eu l'occasion de voir un « pecten arraché aux assises inférieures marneuses « du calcaire liasique du pic de Rizoult entre Gou- « lier et Sem. (1) »

M. Mussy a parfaitement raison, le pecten œquivalvis, l'ostrea cymbrum, se rencontrent dans ces contrées, mais dans une assise tout-à-fait indépen-

---

(1) Mussy L. C., page 110.

dante de celle que étudions, assise qui apparaît au midi de Gestiés, passe au midi de Siguer, pour mourir en pointe près du pic de Rizoult.

M. Mussy a eu le tort de confondre ici une assise franche du lias, tel qu'il se présente à Foix, avec un des membres du calcaire marmoréen, au reste, il a vu le fossile, mais il n'a point vu la couche; il en a ignoré l'existence; son travail, sa carte, ses coupes, nous en fournissent la preuve.

Est-ce un représentant du calcaire carbonifère, comme veut le démontrer Magnan, à la suite des découvertes de M. Coquand dans la vallée d'Ossau?

Les distances sont telles, et n'ayant jamais fait d'observations dans cette région, je n'ose me prononcer.

Mes études dans cet étage ont donc porté uniquement sur les roches ophitiques; elles tendent à prouver :

1° Que les ophites pyrénéennes de cet âge sont éruptives et non des roches passives.

2° Que l'ophite est de différents âge quant à son apparition.

Je n'insiste pas sur la composition de la roche dite Lherzolite.

La Lherzolite, le Pyroxène en roche de Charpentier, a déjà été l'objet de nombreuses descriptions et d'analyses chimiques sérieuses.

On trouve une très-bonne description de cette roche dans le travail de M. Noguès (sur les roches amphiboliques des Pyrénées, connues sous le nom impropre d'ophites). B. S. G. de F., 2ᵐᵉ série, T. XXIII, p. 599.

D'un autre côté dans le tome XIX de la même collection et même série, page 413, on trouve une analyse chimique de cette même roche dans une étude de M. Damour.

D'après ce géologue, la Lherzolite est un agrégat de trois roches différentes. Le Péridot qui s'y montre en grains d'un vert olive; l'Enstatite, à grains bruns tirant sur le gris foncé et le Diopside d'un vert pâle.

La détermination de Charpentier était donc en partie fondée : la Lherzolite est une roche à base de pyroxène : sa découverte est due à Lelièvre (1).

Dans un travail (Expériences synthitiques relatives aux météorites. Rapprochements auxquels ces expériences conduisent, tant pour la formation de ces corps planétaires que pour celle du globe terrestre). B. S. G. de F., 2ᵐᵉ série. T. XXIII, p. 391, M. Daubrée montre qu'il existe une grande analogie entre la composition de la Lherzolite et les météorites.

M. Stanislas Meunier dans son (Cours de géologie comparée) page 198, rapproche la composition de la Lherzolite de celle d'une de ses Sporadosidères, l'Aumalite, masse recueillie auprès d'Aumale (Algérie) le 25 août 1865.

Quant aux ophites de cet âge, elles entrent généralement dans la catégorie des ophites grenues et l'amphibole s'y présente généralement avec lamelles à éclat vitreux. Les ophites de cet âge sont d'un vert assez tendre et généralement très-riches en épidote.

1° Je dis que les ophites sont éruptives.

Au-dessus de Camurac (Aude) au sommet du monticule qui sépare les eaux de Camurac et de Bel-

---

(1) Journal de Physique, — mai 1787. Lettre de Lelièvre à De la Métherie.

caire, se dresse au milieu d'un calcaire riche en conzeranite, un monticule d'une grande longueur, 350 à 400^m, qui nous présente la composition suivante (coupe n° 10).

Nous rencontrons une Lherzolite parfaitement pure, du plus beau vert en certains points, décomposée à la surface en d'autres, et portant alors sur cette surface un enduit solide, rouge brun clair.

Cette roche qui se dresse au sein du calcaire est traversée en mille endroits par des granites qui se sont fait jour en même temps qu'elle; par des granites, qui tantôt se sont épanchés au dehors, tantôt sont restés à l'état de filons dans la masse, ou ont formé des culots qui n'ont pu parvenir jusqu'au jour, mais granites dont l'étude est facilitée par un chemin creux.

Cette ophite est massive, ce granite est massif, on n'y voit pas de traces de stratifications.

L'œuvre de la nature est donc prise ici sur le fait. Quelle est la transformation chimique sur place qui aurait permis dans des failles à froid une pareille disposition ?

L'étude attentive de l'ophite de Camurac porte avec elle la solution de la question.

L'épanchement au sein du calcaire a compris non-seulement le granite, le granite massif, mais encore l'ophite.

Transportons notre sujet d'études au milieu même du bassin, au point typique, aux environs du col de Suc, là, le calcaire est en tous points percé par des épanchements ophitiques.

M. Mussy, avec une admirable patience, a mesuré tous ces massifs; plusieurs d'entre eux sont fort considérables ; dans seize de ces massifs qu'il a reconnus, comment expliquer l'origine de ces magmas ophitiques et calcaires, si nombreux sur le pourtour de ces calcaires ?

En gros fragments, comme en petits fragments, l'ophite enserre de mille manières des quartiers de calcaire qui pris subitement ont conservé l'ensemble de leurs caractères.

En vertu d'une loi stratigraphique indéniable, une roche éruptive est plus récente que le terrain qu'elle empâte, nous devons poser en principe que l'ophite qui empâte ces blocs est une ophite plus jeune que le calcaire ; que l'éruption ophitique a eu lieu après la naissance de ce massif calcaire.

Disons encore qu'au col Dret d'Ercé, dominé par le tuc de Montbéas, M. Mussy a rencontré au contact de la Lherzolite type, des pegmatites, des protogynes et des micaschistes (1).

Et plus bas, il ajoute : « la Lherzolite forme une véritable montagne dominant l'étang. »

De ces faits, avec MM. Leymerie, Noguès, Contejean, je conclus que la roche ophitique qui traverse ces calcaires, la Lherzolite est une roche éruptive.

Je conclus ensuite, que l'ophite du calcaire cristallin peut être contemporaine de la formation du

---

(1) Mussy, *Loc. cit.* p. 141.

calcaire, si dans certains points on peut constater qu'elle affecte les mouvements du calcaire cristallin ; mais en tous cas, lorsqu'elle est massive, lorsqu'elle englobe les fragments du calcaire pour en former de véritables brèches, elle est postérieure à la formation du calcaire cristallin.

Telle est sa manière de faire, à Camurac, où elle est massive ; à l'étang de Lhers, où elle englobe les poudingues calcaires.

Je ne crois pas qu'un métamorphisme local puisse changer, comme il aurait eu à le faire à Camurac, à Axiat, aux abords de l'étang de Lhers, une roche calcaire en granite. Ophites et granites ont surgi au sein du calcaire et ont formé la plupart du temps les pitons que nous observons.

Mes conclusions se rapportent, je crois devoir le redire, aux ophites du terrain marmoréen ; je pourrais les étendre aux ophites des terrains antérieurs, mais je ne préjuge en rien l'étude des ophites postérieures.

Je n'admets pas les conclusions de M. Virlet d'Aoust pour les ophites marmoréennes, je ne partage pas l'opinion de M. Garrigou et de Magnan ; je laisse la question en litige pour les ophites des terrains supérieurs.

Je le puis d'autant mieux, que je constate un faciés spécial dans les ophites des terrains anciens; et si ces géologues peuvent avoir quelques raisons pour voir des métamorphismes locaux d'argiles dans les ophites du Trias en particulier, leur grand argument tombe dans les régions qui font l'objet de ce travail.

J'ai étudié des roches massives, j'ai vu de véritables ophites, j'ai vu avant tout des Lherzolites, je n'ai pas rencontré dans ces terrains les roches énigmatiques qui font l'objet des discussions de ces naturalistes.

CHAPITRE V.

Du terrain jurassique du bassin de l'Ariége.

Le terrain jurassique du bassin de l'Ariége a été jusqu'à ce jour l'objet de travaux de la part de MM. d'Archiac (1), Leymerie (2), Mussy et Magnan.

MM. D'Archiac et Leymerie rapportent le jurassique de Foix au terrain du lias supérieur.

M. Garrigou (3) dans son travail de 1865 constate

---

(1) D'Archiac. Histoire des progrès de la géologie.
(2) Esquisse géognostique de la vallée de l'Ariége.
   B. S. G. 2ᵉ série, XX, p. 267, 1863.
(3) Aperçu géologique sur le bassin de l'Ariége, B. S. G. 2ᵉ série XXII, p. 505, 1865.

l'existence d'une formation essentiellement jurassique.

Magnan (1) reconnaît au passage de Foix la présence du Sinémurien proprement dit et le Liasien.

Ce géologue croit avoir reconnu dans les Pyrénées ariégeoises la série complète du Lias et les trois étages de l'Oolithe.

Dans un grand mémoire posthume, il consacre tout un chapitre à l'étude du terrain jurassique et de ses ophites (2). Ce travail porte spécialement sur les petites Pyrénées du Saint-Gironais et sur le Jurassique des Corbières.

La découverte de l'Infra-lias par M. l'abbé Pouech, (3) signalée par lui dans la région de Cadarcet rendait pour Magnan le contact du lias et du trias plus facile à étudier dans les petites Pyrénées.

M. Pouech signale encore l'infra-lias à Saint-Martin de Caralp, à Foix-Vernajoul et à Soula.

En 1867, dans un travail sur la craie des Pyré-

---

(1) Mémoire sur la partie inférieure du terrain de craie par H. Magnan. Mémoires de la Société géologique de France : deuxième série. T. 9, page 60.

(2) Matériaux pour une étude stratigraphique des Pyrénées et des Corbières. Mémoires de la Société géologique de France. Deuxième série, t. 10, p. 63.

(3) Note sur la découverte faite par M. Pouech du quatrième étage du lias dans le département de l'Ariège, par M. d'Archiac. B. S. G. 2ᵉ série, t. XXII, p. 162, 1865.

nées, M. Hébert (1) a donné deux coupes, l'une du mont Saint-Sauveur à Foix, l'autre du territoire de Leichert : les observations faites en passant sur ces deux gisements jurassiques sont exactes.

M. Mussy divise le terrain en trois étage, le lias inférieur coquillier, le lias supérieur dolomitique et enfin les marnes supra liasiques.

Quant à nous, il résulte de nos observations que le terrain jurassiques dans le bassin de l'Ariége ne présente que deux éléments, le lias proprement dit et l'infra-lias.

Une coupe prise sur la rive gauche de l'Ariége entre le pont de l'Arget et le pont du chemin de fer, en amont de Vernajoul, donne l'ensemble de toutes les couches du terrain jurassique du bassin de l'Ariége.

Disons d'abord que M. Leymerie est le premier géologue qui ait compris la disposition des couches de cette montagne.

« Saint-Sauveur est le résultat d'une courbure
« très-prononcée et concentrique ou d'un pli affec-
« tant un groupe de couches qui appartiennent à
« deux formations distinctes (2). »

L'étude du massif du Saint-Sauveur et du juras-

---

(1) Le terrain crétacé des Pyrénées par M. Hébert. B. S. G. 2ᵉ série, T. XXIV, p. 323, 1867.

(2) B. S. G. de F., 2ᵉ série, T. XX, p. 268. Leymerie.

sique des collines voisines a déjà été entreprise par M. Mussy (1), mais la description des étages est incomplète et la coupe de la montagne est presque une figure théorique.

Je chercherai à me tenir le plus possible dans la véritable relation des étages les uns par rapport aux autres.

Disons encore que, si à une époque, séduit par l'exactitude de certaines failles que nous avions étudiées avec Magnan, nous avons pu croire quelques instants que Saint-Sauveur n'avait pas pour cause première un bombement (2). L'étude patiente et consciencieuse des faits nous a prouvé que l'opinion de M. Leymerie, notre savant maître, était justifiée par tous les faits.

Pour bien comprendre la coupe que nous donnons, il faut partir de ce point, c'est que Saint-Sauveur, vrai type de bombement, doit être embrassé en grand avant d'être l'objet d'une étude de détails.

Si, placé sur la route de Pamiers à Foix, ou mieux encore sur les premiers gradins du Pech, nous regardons Saint-Sauveur, nous voyons que le centre du bombement est à une centaine de mètres au nord du rocher de Sainte-Hélène ; aussi est-ce en ce point que nous trouverons l'âme de la chaîne, l'infra-lias et peut être aussi les marnes du trias, seu-

---

(1) l. cit., page 93.

(2) Mémoire sur la partie inférieure du terrain de craie, page 58.

lement il faut bien considérer que la nature ayant agi ici par dénudations successives des couches, une coupe en un point donné ne présenterait qu'une suite très-imparfaite des faits à étudier ; la coupe, comme l'étude des couches, doit être l'objet d'un travail de perspective.

Les couches les plus anciennes forment le centre de la voûte et sont surmontées par des couches plus récentes, en plans de plus en plus reculés ; c'est une série d'arceaux, souvent brisés, souvent incomplets, mais dont le souvenir est presque toujours intact dans le voisinage de la clé qui va en fuyant sous l'œil de l'observateur.

Depuis les bords de l'Ariége jusque dans les montagnes de Lizone, et au-delà, les terrains crétacés qui flanquent la montagne de droite et de gauche présentent le même phénomène.

Partant donc du point central du bombement des couches (21) nous nous reporterons sur Foix.

Les couches (21) correspondant en ce point avec le centre du noyau contourné sont fortement disloquées ; quelques parties sont verticales, d'autres fortement inclinées ; on reconnait cependant la présence de l'infra-lias.

Nous avons affaire à un calcaire bleuâtre, à avicula contorta ; nous rencontrons aussi en contact avec ce calcaire, une couche de calcaire gris foncé, schisteux contenant un nombre infini de petits bivalves, ainsi que des calcaires compactes à Plicatula intustriata ; ces couches ont été reconnues pour la première fois par M. l'abbé Pouech ; elles sont immédiatement au-dessus de marnes irisées, sans doute triasiques.

Nous rencontrons ensuite deux couches calcaires; l'une (20) plus intérieure, formée d'un calcaire jaunâtre rubané, à cavités géodiques, l'autre (19) formée d'un calcaire un peu marbré, très-irrégulier dans sa texture, compact, celluleux ; c'est sur ce calcaire que repose la maison dite Sainte-Hélène ; vient ensuite une couche (18) formant une brèche calcaire, à éléments d'un gris clair, réunis par une pâte de même couleur; ces éléments sont généralement assez bien stratifiés. Cette brèche descend sur la route de Vernajoul, la traverse et forme le promontoire de Gourniés.

Des calcaires gris très-rubanés (17) et assez épais forment l'assise supérieure ; ils sont très-intéressants à étudier au point de voussure, au dessus de Sainte-Hélène ; on les voit en effet sur l'étendue de 4 à 5 mètres, opérant parfaitement la torsion du circonflexe par suite de leur bombement ; puis viennent les assises (16, 15, 14 et 13) formées par des bancs calcaires moins rubanés que la couche précédente.

Le calcaire (16) se présente sous une apparence jaune clair. Il est assez argileux et se délite facilement

La couche (15) est formée par un calcaire d'un jaune blanchâtre, rubané, à veines légèrement oxydulées ; plus foncé, quelquefois d'un jaune bistré; l'étage (14) est formé d'un calcaire compact à cassure esquilleuse, il forme un banc très-régulier.

Légèrement veinée, la couche (13) est formée d'un calcaire jaune clair, fortement argileux et dépourvu de fossiles ; à son contact se trouve un banc très mince (12) assez argileux, banc renfermant de très-beaux fossiles du lias : nous devons la détermination de ces fossiles à M. Dumortier.

Ce sont d'abord :

    Ammonites   Jamesoni (Sow).
        »   Normanianus (d'Orb).
        »   Arietiformis (Oppel).
        »   Venustulus (Dum).
        »   Maugenesti (d'Orb).
        »   Bifrons
    Mytilus   Numismalis (Quinst).
    Spiriferina Pinguis (Zict).

Signalons encore un fossile nouveau auquel MM. Dumortier et Fontanes ont bien voulu imposer notre nom, le

    Chemnitzia Seignetii. (1)

Un léger banc gréseux d'un rouge violacé, plus ferrugineux que le précédent et renfermant des granules épigéniques de fer sépare ce banc fossilifère des bancs fossilifères (9 et 10), les bancs classiques de Saint-Sauveur ; bancs visités depuis d'Archiac par tous les géologues.

---

(1) Description des Ammonites de la zone à Ammonites Tenuibolatus de Crussol (Ardèche) et de quelques autres autres fossiles jurassiques nouveaux et peu connus par E. Dumortier et F. Fontannes. 1876.

Formé d'un grès jaunâtre, le banc (10) est extrêmement riche en térébratules d'une admirable conservation.

On y a reconnu jusqu'à ce jour :

Terebratula	Punctata.
»	Subpunctata.
»	Quadrifida.
»	Jauberti.
Spiriferina	Pinguis
»	Rostrata.
Ammonites	Normanianus.
Bellennites	
Pecten	Disciformis.
»	Œquivalis.
»	Liasinus.
Rhynchonella	Liasina.
Pleuromya	Galathœa.
Pleurotomaria.	
Lima pectinoides.	

La partie inférieure du banc est d'un gris de fer à l'intérieur et devient jaunâtre par décomposition.

Elle est principalement caractérisée par la présence des

Mactromya liasina.
Gryphœa cymbium
Les mêmes térabratules.
des Ammonites.
Unicardium globosum.

Immédiatement après ce banc fossilifère, nous rencontrons une couche formant généralement mur et laissant échapper au-desus du sol de grosses masses semblables à des constructions en ruines. La couche (8) est formée par un dolomie en bancs étagés ; elle est grise, compacte, brillante à l'intérieur comme cassure et caverneuse à la base ; cette couche est suivie d'un étage sablonneux (7). Le sable est tantôt gris clair, tantôt blanc, tantôt rosé ; il est formé par les éléments en dissociation d'une dolomie ; ce banc forme ordinairement une dépression, une petite vallée haute, encaissée d'une part, par la dolomie (8) ; d'autre part par la dolomie (6) ; cette dernière dolomie forme de puissants bancs, gris clair à l'intérieur, veinés et réticulés à l'extérieur ; l'action de l'air leur a donné une teinte sombre ; elle s'appuie sur un calcaire (5) compact ou en grands feuillets et caverneux.

A ces couches succède un calcaire dolomitique (4) légèrement rubané et fortement caverneux ; il repose sur un calcaire (3), qui a tantôt la couleur grise, tantôt la couleur rosée, et qui passe bientôt à un calcaire franchement rose, imprégné de matières ferrugineuses. (2).

Nous sommes arrivés au terme de la formation jurassique ; nous rencontrons la bande de bauxite qui fait dans cette contrée une démarcation si constante entre le terrain crétacé inférieur et le terrain jurassique.

Cette observation a été faite pour la première fois

par M. Leymerie et publiée en 1863 dans son étude géognostique de la vallée de l'Ariége.

Dans son travail sur le terrain crétacé des Pyrénées, M. Hébert attribue cette première indication à M. Garrigou ; mais ce travail sur la vallée de l'Ariége n'a paru qu'en 1865.

Etudié sur la rive gauche, dite du Pech de-Foix, le terrain jurassique nous présente quelques points nouveaux ; à Jean Germa, l'arc brisé que nous observions à une centaine de mètres de Sainte-Hélène, se montre avec un plus grand développement, et sur une longueur de plusieurs kilomètres, nous pouvons suivre l'infra-lias avec tout son cortége fossilifère, entrevu par M. Pouech à Foix-Vernajoul.

Ce terrain présente par suite de l'obliquité de la faille de l'Ariége, un aspect particulier qui tient à ce que, comme le dit M. Mussy, les voussoirs disparaissent et s'abiment successivement dans le lit de l'Ariége.

C'est ainsi que la bauxite est recouverte par les eaux de l'Ariége dans la traversée de Foix et que nous ne retrouvons sur cette rive droite que les étages qui suivent immédiatement cette roche alumino ferrugineuse ; étages qui eux-mêmes ne tardent pas à disparaitre ; seulement, tandis que la voute sur la montagne de Saint-Sauveur avait gardé sa clé et ne laissait que par intervalle l'œil du géologue pénétrer dans la constitution intime de la montagne ; ici par brisure, nous possédons l'anatomie intérieure du massif, aussi pouvons-nous suivre à découvert, du Pech de Foix à Leychert, les roches de l'infralias; ces roches, avant la métairie de Fougax ont déjà pris possession du premier plan et conservent cette position sur toute la ligne en passant par le vallon du Touron où elles éprouvent de puissants contournements; dans ces couches nous rencontrons de nombreux débris de poissons, dents et écailles; nous sommes en plein bone-bed.

Les grande lignes formées par les dolomies du pied gauche jurassique de Saint-Sauveur nous donnent au-dessus un horizon facile à suivre, car elles accompagnent le terrain jurassique sans discontinuité, jusqu'au dessus de Saint-Cyrac, où bientôt le crétacé inférieur prend presque possession du premier plan, toujours séparé du lias par la couche plus ou moins ferrugineuse de bauxite.

Epilogue

Montrer l'union de la géologie, véritable science de la terre, avec la géographie physique, description des surfaces; faire voir la corrélation de ces deux sciences l'une avec l'autre; tel a été notre but dans la première partie de ce travail.

Nous nous sommes ensuite livrés dans notre seconde partie à des études géognostiques et géogéniques sur un sol dont nous connaissions les accidents des surfaces.

Nous avons voulu prouver que les terrains de la haute chaîne dans le bassin de l'Ariége sont connus d'une manière imparfaite.

Jouant ici un rôle très-subordonné le granite massif est rejeté au loin, il n'appartient qu'au massif de Font-Nègre, aux sources de l'Ariége.

Tout le massif indiqué comme granitique sur la carte géologique de l'Ariége appartient à un terrain lardé de granites proteïques renfermant un banc calcaire que nous avons suivi dans toute son étendue; cet étage est en grande partie constitué par des schistes rubanés, des schistes maclifères.

Nous faisons rentrer cet énorme massif dans le type cristallophyllien.

Nous avons donné la stratigraphie du terrain silurien et du terrain dévonien; de nombreuses coupos de détail montrent les erreurs de nos devanciers dans l'interprétation de ces couches.

L'étage du calcaire cristallin nous a permis d'apprécier l'âge et l'origine des roches dites ophites et lherzolites.

Nous croyons ces roches éruptives ; notre croyance est fondée sur des études locales de stratigraphie et notre travail terminé, nous constatons avec une vive satisfaction que l'étude microscopique de ces mêmes roches conduit à la même conclusion au point de vue de leur origine.

Nous lisons en effet dans un mémoire intitulé « Notes sur quelques ophites des Pyrénées » par M. Michel Lévy. B. S. G. 17 décembre 1877.

« L'Analyse microscopique donne tort à l'opinion
« jadis soutenue par MM. Virlet d'Aoust, Magnan
« et Garrigou, qui met en doute la nature éruptive
« des ophites. »

Notre dernier chapitre est consacré à l'étude du terrain jurassique. Nous montrons que le lias et l'infra-lias sont les seuls membres du terrain jurassique dans le bassin de l'Ariége; nous profitons de l'accident de Foix pour donner deux coupes dont tous les points ont été relevés avec soin.

Notre essai sur les Pyrénées de la haute Ariége est l'œuvre de patientes études, de courses répétées et coordonnées; dans notre rédaction nous avons présenté avec simplicité les faits qui nous ont frappé, aussi attendons-nous avec confiance le jugement des maîtres de la science Pyrénéenne.

M. Ambayrac, professeur de physique au Collége de Foix, nous a aidé de ses observations pour l'étude de la cluse de Foix. M. Valette, professeur de dessin à Castres, a bien voulu prendre la direction de notre carte, réduction de la carte de l'état major. Je remercie ces deux amis de leur bienveillant concours.

EXPLICATION DES PLANCHES

COUPE N° 1.

Coupe du lac de Naguille.

A   Granite schisteux en grande masse.
B   Schiste talqueux verdâtre.
C   Schiste à structure massive.
D   Schiste siliceux en plaquettes rougeâtres à l'extérieur.
E   Schistes rubanés grenus et schistes verdâtres.
H   Banc de calcaire en plaquettes, traversé par des couches talqueuses argentines.
K   Calcaire bleuâtre.
F   Gneiss avec îlots de granite.

COUPE N° 2.

Coupe du pic noir de Juncla au pic coté 2090 mètres par l'étang de Fontargente et la cabane de Garseing.

A Granite schisteux en grande masse.
D Schistes siliceux en plaquettes.
E Schistes rubanés grenus et schistes verdâtres.
H Banc de calcaire en plaquettes, avec couches talqueuses.

COUPE N° 3.

Coupe du pic de la Passade au confluent du Coume d'Ose et de la Coume de Seignac par le pic de l'Homme-Mort.

A Granite schisteux en grande masse.
D Schistes siliceux en plaquettes.
H Banc de calcaire en plaquettes.

COUPE Nº 4.

Coupe par la ligne de faîte entre les vallées de l'Ariége et du Najear.

Du pic de Tose de Pédourès à Ignaux, par l'étang de Comté.

A   Granite gneisseux, se décomposant en énormes parallélipipèdes.
B   Schistes talqueux, verdâtres, argentés, satinés.
C   Calcaires en plaquettes.
D   Schistes souvent très-rouges, quelquefois noirs, avec bancs de quartz.
D'   Gneiss.
E   Schistes et bancs de quartz.
F   Pegmatites.
K   Schistes rubanés avec pegmatite.
L   Schistes noirs du silurien supérieur.

COUPE Nº 5.

Coupe générale de la vallée de l'Ariége par Ax. De la Tute de l'Ours au col de Marmarre.

A   Schistes verdâtres et rosés avec filons quartzeux et minces couches de calcaire griotte.

B   Calcaire jaunâtre passant quelquefois au rose ou au gris, visible dans la montée des lacets des Gouttines et plus particulièrement dans les lacets inférieurs de la route de Luzenac au col de Marmarre. Ce calcaire est criblé de veines blanches de barytine et de calcaire spathique; il est ordinairement traversé par de nombreux bancs de schistes satinés.

C   Schistes argileux, de couleur généralement très-foncée, ordinairement noirs, souvent fortement imprégnés de pyrites ferrugineuses : ils contiennent en certains points des nœuds de pyrite de cuivre lenticulaire, des minerais de plomb, de fer, des nœuds et des filons de quartz très-blanc.

D   Calcaire formant les premières crêtes : il est d'un brun rougeâtre à l'extérieur, et passe souvent, surtout à la partie inférieure à une couleur blanc grisâtre.

Ces calcaires contiennent des nids de calcaire spathique très-blanc et sont quelquefois imprégnés d'une matière talqueuse verdâtre. Au rocher de Prunair, sur Vaychis, on rencontre une mince couche de galène dont l'exploitation a été abandonnée.

E   Schistes ardoisiers rougeâtres à l'extérieur.
F   Pegmatite passant à la leptinite.
G   Roche de pegmatite à mica palmé.
H   Schistes fortement talqueux, de couleur sombre, passant à des gravwackes schisteuses,

continués par des schistes pétro-siliceux fortement rubanés.

I   Schistes maclifères.
J   Schistes aluminifères efflorescents.
K   Ax, sur le diluvium et la pegmatite.
L   Mélange intime de roches schisteuses rubanées, de leptynites et de pegmatites.
M   D'Ax à Col Majou, les gneiss dominent, ils passent souvent à des pegmatites : les passages des unes aux autres sont très-fréquents : les pegmatites présentent de très-gros cristaux de feldspath qui leur donne une structure porphyroïde.
N   Aux environs du roc de Baoulou, et un peu en avant, les granites gneisseux sont entrecoupés par de gros filons de quartz.
O   Le gneiss domine ensuite jusqu'à la cabane de la Griolle ; plus haut à Mateport, on rencontre une couche quartzeuse, presque maclifère, visible aussi dans le torrent qui descend du col du Saquet vers le Najear.

COUPE N° 6.

Coupe du du bassin de l'Ariége entre les granites de Tabes et ceux de Luzenac.

M. Garrigou. Bullletin de la Société géologique de France, 2ᵉ série, 1865, tome, XXII, page 476.

1 Granite.
2 Schistes ardoisiers.
D Calcaire dévonien à goniatites.
3 Ophite.
4 Calcaire magnésien métamorphisé.
5 Calcaires secondaires.
6 Alluvion de l'Ariége.

COUPE N° 7.

Coupe du bassin de l'Ariége par le Saint-Barthélemy et le massif de Montaut.

A Granite gneisseux.
B Cristallophyllien supérieur.
C Calcaire silurien inférieur.
D Schistes siluriens.
E Calcaire silurien supérieur.
F Schistes siluriens et dévoniens.

G Calcaire dévonien.
H Calcaire cristallin et schistes.

COUPE N° 8.

Coupe transversale des Pyrénées, du pic de Hau (massif du Saint-Barthélemy, France) à la Massana (vallée du Rialp, République d'Andorre).

A Schistes ardoisiers siluriens.
B Calchistes chocolatés.
C Calcaire silurien chocolaté.
D Schistes noirs chocolatés avec brèches schisteuses.
E Schistes noirs brillants criblés de macles, entremêlés de couches ferrugineuses.
F Calcaires à nœuds de quartz.
G Schistes foncés caverneux.
H Schistes quartzeux rubanés.
I Schistes clairs à grosses macles.
J Gneiss et schistes quartzeux.
K Schistes gris à grosses macles.
L Schistes rouges.
M Calcaire cristallin.
N Schistes.
O Calcaire cristallin.
P Schistes maclifères.
Q Gneiss et pegmatites grenatifères.

R   Gneiss.
S   Pegmatites.
T   Schistes quartzeux rubanés.
U   Schistes siluriens.
V   Calcaire silurien inférieur.
X   Schistes siluriens.
Y   Calcaire silurien supérieur.
Z   Terrain dévonien.
a   Calcaire primitif de Charpentier.
b   Granite décomposé.
d   Granite gneisseux.
e   Diluvium.

COUPE N° 9.

Coupe longitudinale de la vallée de l'Ariége, du pic de Brasseil au pic de l'étang Fauzy.

A   Pegmatites et gneiss.
B   Schistes.
C   Calcaire de la Haute-Chaine.
D   Schistes.
E   Granite avec schistes rougeâtres.
F   Pegmatite et gneiss porphyroïde.

coupe n° 10.

Coupe du massif ophitique du Camurac.

A   Calcaire cristallin.
B   Ophite.
C   Granite.

coupe n° 11.

Coupe de la montagne de Saint-Pierre entre Albiès et Saint-Conac.

A   Schistes cristallophylliens.
B   Calcaire silurien inférieur.
C   Calcaire silurien supérieur.
D   Terrain dévonien.
E   Calcaire cristallin.

coupe n° 12.

Pic de Soularac.

M   Calcaire cristallin et schistes noirs.
N   Diluvium.

A   Pegmatite en décomposition.
B   Granite veiné avec bancs de quartz, riches en tourmalines.
C   Granite rouge décomposé.
D   Granite jaunâtre décomposé, vraie pegmatite.
E. Granite très-schisteux.

COUPE N° 13.

Coupe de la vallée de l'Ariége entre Urs et Lassur.

A   Calcaire cristallin.
B   Calcaire dévonien.
C   Calcaire silurien supérieur.
D   Calcaire silurien inférieur.
E   Terrain cristallophyllien,

COUPE N° 14.

Coupe de Font-Albe au pic de Montségur.

A   Protogyne avec banc de talc.
B   Granite gneisseux.
C   Micaschistes rougeâtres.
D   Granite orienté.
E   Calschistes.

F   Calcaire rugueux.
G   Protogyne.
H   Schiste durs verdâtres bleutés.
I   Terrain dévonien.
K   Terrain crétacé, calcaire à dicérates, indiqué comme dévonien par M. Mussy.
M   Schistes noirs.
N   Schistes gris.

COUPE N° 15.

Coupe de la montagne de Saint-Sauveur entre les Brouilhols et Foix.

(Les numéros de la coupe correspondent aux numéros du texte explicatif.)

COUPE N° 16.

Coupe du Pech de Foix; de Laborie au au château de Foix.

a   Débris des pentes. Sol de la route.
b   Calcaire gris bleuté intérieurement souvent silicifié (Rhynconelles).
c   Conglomérat calcaire siliceux.
d   Calcaire gris à grains fins sans fossiles.
e   Calcaire gris à polypiers.
f   Calcaire grisâtre (Terebratules, Nérinées, Rhynconelles).

g   Calcaire caverneux avec rognons de silex noir.
h   Calcaire tendre gréseux.
i   Alternance de calcaires et d'argiles.
j   Argiles brunes.
k   Calcaires gris, caverneux, fortement dentelés, à Ostrea.
l   Alternance d'argiles brunes, de calcaire à polypiers, banc à orbitolines, conglomérat calcaire sans fossiles.
m   Argile rouge et bauxite.
n   Alternance d'argiles rouges et de dolomies compactes et en plaquettes.
o   Alternance d'argiles noirâtres et de dolomies cendreuses, sableuses, jaunâtres, avec nombreuses veines de calcaire cristallin.
p   Crêtes dolomitiques saillantes à fentes régulières, suivies de dolomies compactes, en bancs minces et multiples.
q   Argile jaunâtre et blanchâtre formant le petit vallon de la citerne.
r   Calcaires jaunes terreux à l'extérieur avec Mactromya, suivis de grès ferrugineux, jaunes terreux passant à la rouille : nombreux fossiles.
s   Crête de calcaire dolomitique compact.
t   Argile noirâtre jaunâtre recouvrant un banc épais de conglomérat dolomitique.
u   Calcaire gris jaunâtre compact sublithographique en bancs verticaux devenant subhorizontaux.
v   Alternance de calcaire gréseux fossilifères (avi-

cula contorta, dents de poisson) et d'argiles vertes, de calcaires à plaquettes, offrant toutes les directions.

x   Calcaire gréseux jaunâtres et conglomérats, renversés.
y   Calcaire gréseux jaune (Jean Germa) en éventail avec argiles bariolées.
z   Calcaire à Mactromya en bancs subhorizontal suivis du grès de r.
1   Calcaire gréseux poudingiforme.
2   Calcaires jaunâtres, ordinairement très-durs, en bancs subhorizontaux.
3   Calcaires marneux blancs très-compacts.
4   Calcaire gris conglomérés.
5   Calcaires marneux, gris jaunâtre, compacts suivis de calcaire à plaquettes jaunâtres, mêlés d'argiles jaunes, vertes, rougeâtres.
6   Calcaire gris très-marneux, terreux.
7   Calcaire compact gris, alternant avec des calcaires à plaquettes et des calcaires marneux jaunâtres.
8   Calcaire blanchâtre, marneux esquilleux, en bancs torturés.
9   Calcaire en plaquettes, rosé et jaunâtre, quelquefois rubanés en bancs torturés.
10 Calcaire jaunâtre gréseux en bancs renversés vers le nord.
11 Alternance de calcaire à plaquettes gris jaunâtre, en bancs compacts et épais.
12 Calcaire sublithographique gris blanchâtre, compact, esquilleux.

13 Grès fossilifères.
14 Calcaire à Mactromya très-compact siliceux avec calcaire gris noir sublithographique.
15 Conglomérat dolomitique et calcaire à ciment siliceux rosé gris.
16 Calcaire sublithographique gris noir avec dolomie compacte en gros feuillets.
17 Dolomie blanchâtre d'un gris tendre avec plaquettes en bancs compacts et étroits.
18 Cagneules grises, rosées.
19 Dolomie compacte grise rosée, exploitée sur les bords de la route.
20 Bauxite.
21 Calcaires réguliers tendres, jaunâtres, quelquefois rosés ou veinés de rouge. (Sous-sol de Foix.)
22 Rocher de Foix. Calcaire à orbitolines et conglomérats.

COUPE N° 17.

Coupe de la Paillasse au mont Fourcat par la vallée du Touyre.

A Granite schisteux.
B Granite talqueux (protogynes).
C Schistes durs, verdâtres, bleutés.
D Calcaires dévoniens.
E Marnes rouges ferrugineuses.

F   Calcaires celluleux gris bleu (silurien).
G   Calcaire à Dicérates.
H   Poudingue crétacé supérieur.
I   Calcaire gris cristallin veiné avec nombreux rudistes.
J   Grès jaunâtre.
K   Marnes terreuses, jaune clair.
L   Marnes schisteuses gris jaunâtre (crétacé inférieur).
M   Poudingue de Palassou.
N   Terrain nummulitique.

PLANCHE N° 18.

Carte géologique du bassin de la Haute-Ariége.

CASTRES
Imp. du PROGRÈS
RUE MONTFORT, 12.

N° 1. Coupe du Lac de Naguille.

N° 2. Coupe du Pic Noir de Juncla au Pic côté 2090 mètres par l'étang de Fontargente et la cabane de Garseing.

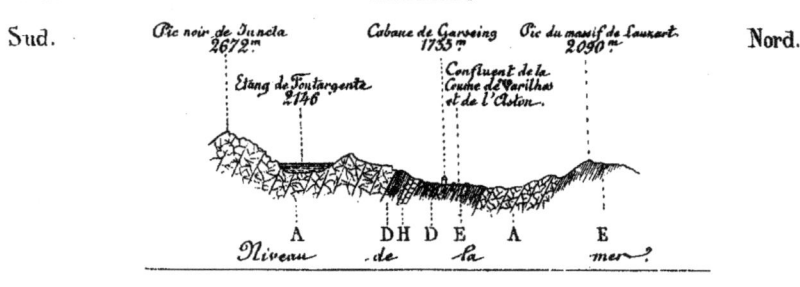

N° 3. Coupe du Pic de la Passade au confluent du Coume d'Ose et de la Coume de Seignac par le Pic de l'Homme Mort.

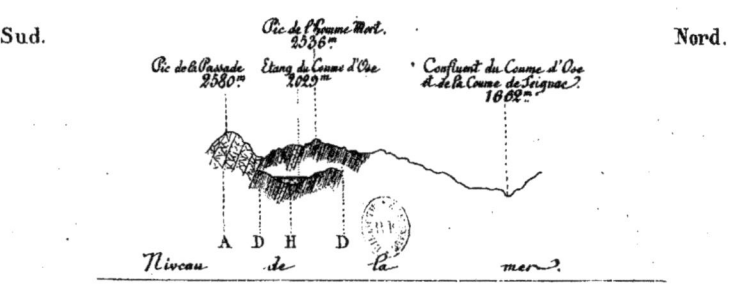

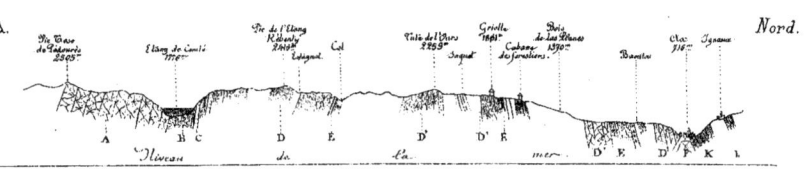

N° 4. Coupe par la ligne de faîte entre les vallées de l'Ariége et du Najear du pic de Tose de Pédourès à Ignaux, par l'étang de Comté.

N° 5. Coupe générale de la vallée de l'Ariége par Ax de la Tute de l'Ours au Col de Marmarre.

(M. Garrigou.)

Coupe du bassin de l'Ariége entre les granites de Tabes et ceux de Luzenac.

N.° 6.

Sud.   Nord.

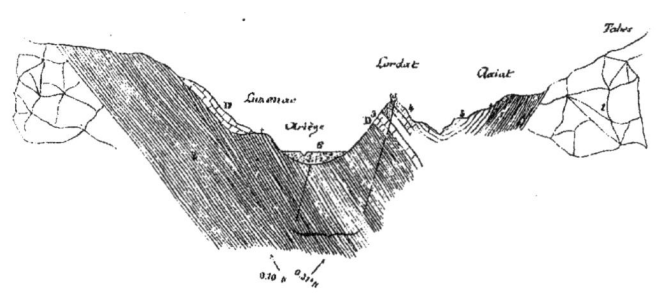

(Seignette.)

Coupe du bassin de l'Ariége par le S.t Barthélemy, Luzenac et le massif de Montaut.

N.° 7.

Sud.   Nord

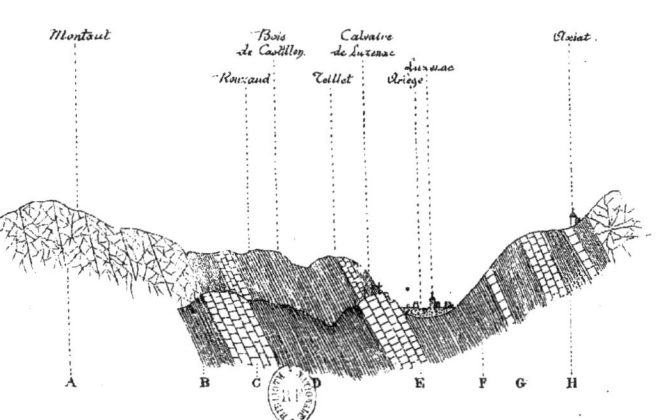

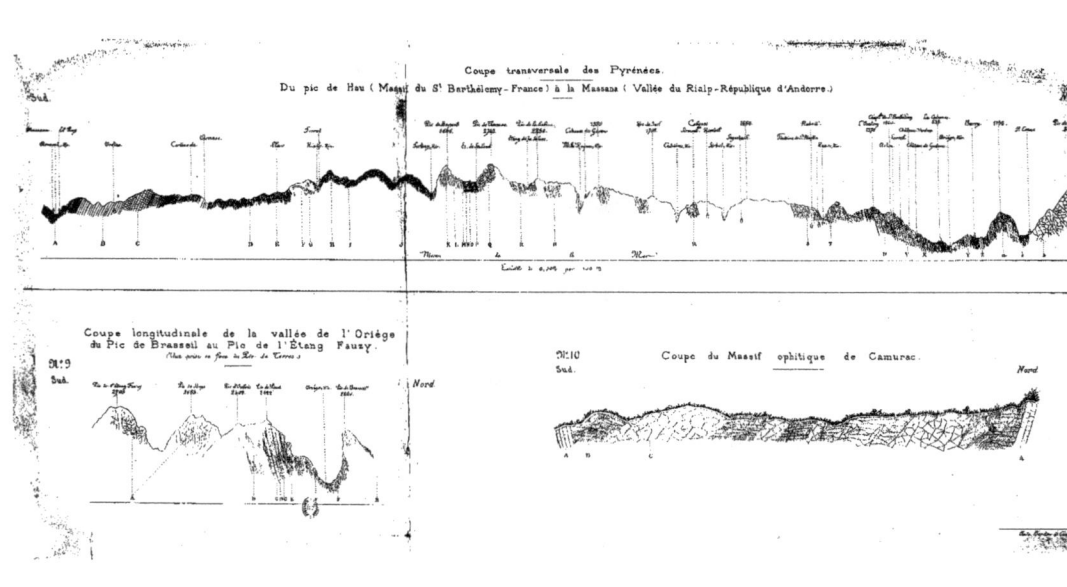

Coupe transversale des Pyrénées.
Du pic de Han (Massif du St Barthélemy - France) à la Massana (Vallée du Rialp - République d'Andorre.)

Coupe longitudinale de la vallée de l'Oriège du Pic de Brassell au Pic de l'Étang Fauzy.

Coupe du Massif ophitique de Camurac.

N° 11. Coupe de la montagne de St Pierre entre Albiès et St Conac.

N. 12. Pic de Soularac.

Auto. Bardou à Castres

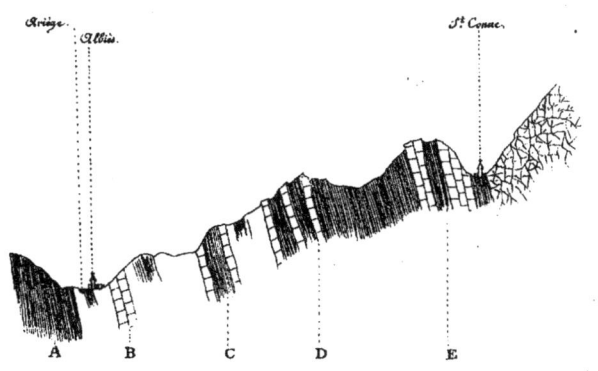

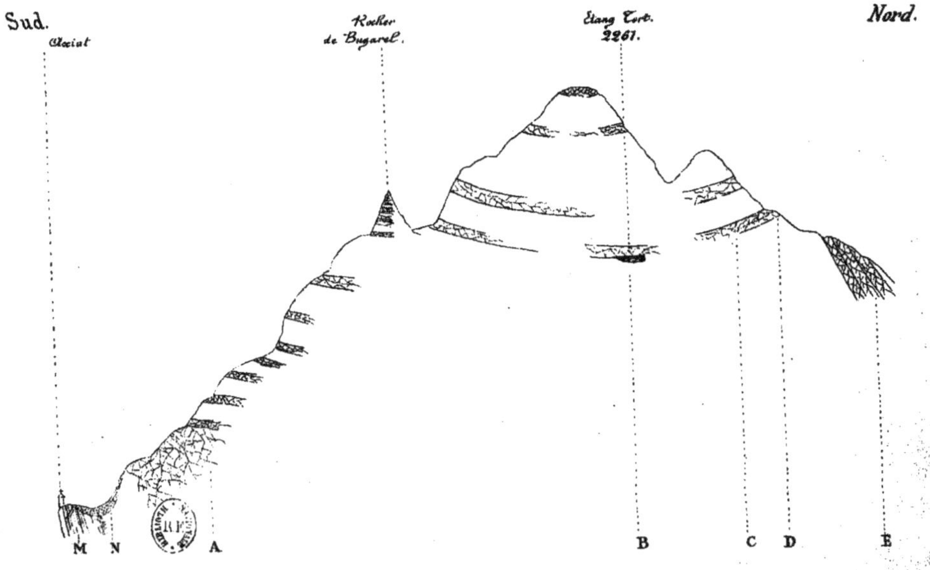

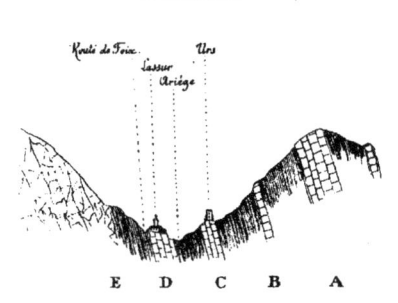

Sud.   N° 15   Nord.

St Sauveur.
Coupe prise du Pech de Foix entre les Brouilhols et Foix.

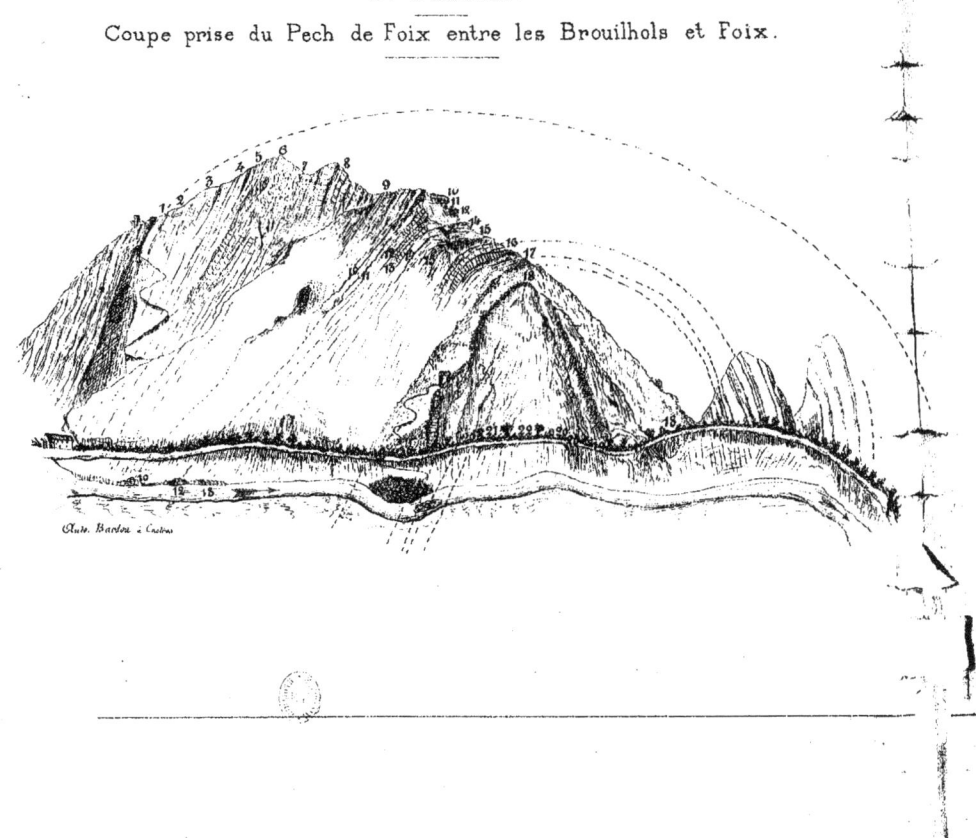

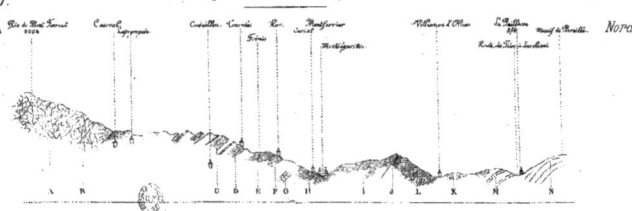

Nº 18.
Chaîne du Pech de Foix
Coupe de la Borie au Château de Foix.

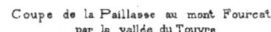

Nº 17.
Coupe de la Paillasse au mont Fourcat
par la vallée du Touyre.

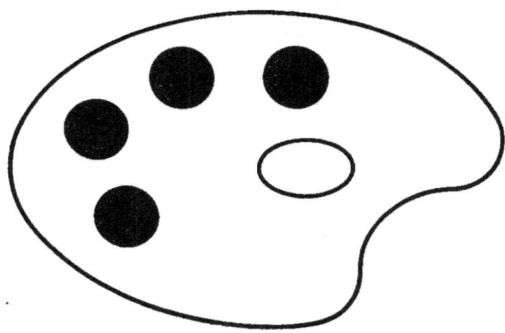

Original en couleur
NF Z 43-120-8

Vu et approuvé
le 8 juillet 1879,
Le Doyen de la Faculté des sciences,
J. CHANCEL.

Vu et permis d'imprimer,
le 8 juillet 1879.
Le Recteur de l'Académie de Montpellier,
Albert DUMONT.

www.ingramcontent.com/pod-product-compliance
Lightning Source LLC
Chambersburg PA
CBHW070617170426
43200CB00010B/1825